नमो सरकार के तीन वर्ष

नमो सरकार के तीन वर्ष

प्रवीण गुगनानी

प्रकाशक

प्रभात पेपरबैक्स

4/19 आसफ अली रोड, नई दिल्ली–110002

फोन : 23289777 • हेल्पलाइन नं. : 7827007777

इ–मेल : prabhatbooks@gmail.com ❖ वेब ठिकाना : www.prabhatbooks.com

संस्करण

प्रथम, 2017

मूल्य

एक सौ पच्चीस रुपए

अ.मा.पु.स. 978-93-5266-324-8

मुद्रक

आर–टेक ऑफसेट प्रिंटर्स, दिल्ली

★

NAMO SARKAR KE TEEN VARSH
by Praveen Gugnani

Published by **PRABHAT PAPERBACKS**
4/19 Asaf Ali Road, New Delhi-110002

ISBN 978-93-5266-324-8

₹125.00

यह पुस्तक समर्पित है
धर्मपत्नी **सुनीता** एवं भाई चि. **दीपक** को,
जिनके सहयोग के कारण
लेखन की प्रवृत्ति को
नियमित रख सका।

नितिन गडकरी
NITIN GADKARI

मंत्री
सड़क परिवहन, राजमार्ग
एवं पोत परिवहन
भारत सरकार
MINISTER OF ROAD TRANSPORT,
HIGHWAYS AND SHIPPING
GOVERNMENT OF INDIA

प्रस्तावना

कहा जाता है कि किसी देश को समाप्त करना है तो सर्वप्रथम उसके इतिहास को समाप्त कर दो। लगभग इसी दौर से गुजरते भारतीय समाज के घटनाक्रम का लेखन और उसका लेखक समाज और राजनीति से सदैव सीधा व अटूट संबंध रखता है। इस में समाज और राजनीति के मध्य के संवाद को मुखर बनाते हैं—लेखक और उनका लेखन। लेखन की दिशा यदि समकालीन दृष्टि से समाज की तात्कालिक परिस्थिति के दृष्टि-सापेक्ष हो तो यह भी आवश्यक रहता है कि वह सापेक्षता के संग-संग निरपेक्षता के भाव को भी सदैव बनाए रखे। इस दृष्टि से सापेक्षता व निरपेक्षता के मध्य के अंतर को या दो पटरियों के भीतर के द्वंद्व को समानांतर, समान व सटीक बनाए रखना ही वस्तुत: राजनीतिक लेखन होता है। पिछले छह दशकों की राजनीतिक घटनाओं को देखें तो लगता है कि भारत की राजनीति लगभग एक समान व सपाट होकर एक दिशा में ही चली है। इस स्वतंत्र्योत्तर राजनीति का घटनावार लेखन देश के अनेक लेखकों ने व्यवस्थित रूप में किया है, किंतु इस स्वातंत्र्योत्तर भारतीय राजनीति में श्रीयुत नरेंद्र मोदीजी के प्रधानमंत्री बनने के बाद जो विचारात्मक व गुणात्मक परिवर्तन आया है, उसके लेखा-जोखा के लिए एक अलग दृष्टि की आवश्यकता है। यहाँ यह कहना भी आवश्यक है कि भारतीय राजनीति के इस संक्रमण काल में वस्तुत: विचारधारा की दृष्टि से, पहली बार देश कांग्रेस मुक्त

भारत व कांग्रेस मुक्त राजनीतिक दर्शन को देख, सुन व भोग पा रहा है। इस समय में राजनीतिक घटनाओं के लेखे-जोखे से अधिक महत्त्वपूर्ण है प्रथम राजनीतिक, सांस्कृतिक, सामाजिक, शैक्षणिक क्षेत्र में घट रही घटनाओं के अंतर्चरित्र, अंत:स्वभाव व बाह्य आकार-प्रकार को पहचानना व द्वितीय उन्हें लिपिबद्ध करना। भारतीय राजनीति के आमूल-चूल गुणात्मक परिवर्तनवाले इस दौर में यह भी आवश्यक है कि लेखन के समय लेखक तटस्थ भाव से किसी पृथक् टापू पर खड़ा रहे व फिर लेखन-कार्य करे। यह लेखक की विश्वसनीयता के लिए आवश्यक है, किंतु उससे भी अधिक उस लेखे-जोखे के लिए भी आवश्यक है, जिसे वह इस संक्रमण काल में लिख रहा है। मुझे प्रसन्नता है कि राजनीतिक संक्रमण काल में प्रवेश, उस संक्रमण के सहजता व शुद्धि के साथ बाहर निकलने के भारतीय राजनीति के इस दौर का लेखन एक स्तंभ, लेखक के रूप में प्रवीण गुगनानी भलीभाँति कर रहे हैं।

श्रीयुत नरेंद्र मोदीजी के शासनकाल के प्रथम ढाई वर्ष की चुनिंदा राजनीतिक घटनाओं पर केंद्रित प्रवीण गुगनानी की यह पुस्तक नमो सरकार के तीन वर्ष एक सराहनीय प्रयास है। इस प्रयास के दीर्घजीवी होने व श्रीवृद्धि हेतु मेरी हार्दिक शुभेक्षा।

भवदीय

(नितिन गडकरी)

शिवराज सिंह चौहान
मुख्यमंत्री

मध्यप्रदेश शासन
भोपाल-462004

सं. क्र. 320, 10 नवंबर, 2016

भूमिका

हर्ष का विषय है कि युगद्रष्टा प्रधानमंत्री श्री नरेंद्र मोदीजी के सुशासन पर केंद्रित पुस्तक 'नमो सरकार के तीन वर्ष' प्रकाशित हो रही है।

श्री नरेंद्र मोदीजी के रूप में भारत को एक सशक्त नेतृत्व मिला है। राष्ट्रवादी संस्कारों से संपन्न उनकी दृष्टि से भारत का कायाकल्प हो रहा है। पूरे विश्व में भारत की साख बढ़ी है। दक्षिण एशिया के देशों में भारत के नेतृत्व को मान्यता मिली है।

भारत के नवनिर्माण की प्रक्रिया निरंतर तीव्रतम होती जा रही है। हर क्षेत्र में विकास की नई इबारत लिखी जा रही है। औपनिवेशिक सोच और विचार-पद्धतियों से मुक्त होने, अर्थव्यवस्था की सफाई करने और सांस्कृतिक शुद्धि का दौर चल रहा है।

प्रधानमंत्री श्री नरेंद्र मोदी के दृढ निश्चय और अथक मेहनत के बिना यह संभव नहीं होता। भारत की प्रतिष्ठा और गौरव को पुन: स्थापित होने में आ रही सारी बाधाएँ क्रमश: समाप्त होती जा रही हैं। भारत के नवोत्थान का दिन करीब है।

लेखक ने अपनी वैचारिक प्रतिबद्धता से स्वप्रेरित होकर भविष्य के लिए शुभ कार्य किया है।

पुस्तक के सफल प्रकाशन की शुभकामनाओं सहित।

(शिवराज सिंह चौहान)

डॉ. विनय सहस्रबुद्धे
संसद् सदस्य
राज्य सभा

Ref, No. 1612/0201 Date: 08/12/2016

दो शब्द

समकालीन घटनाओं का प्रलेखन (documentation) अपने आप में बहुत महत्त्वपूर्ण होता है। समकालीन घटनाएँ जब पुरानी हो जाती हैं तो इतिहास का हिस्सा बन जाती हैं, तब उनकी ओर देखने का नजरिया भी बदल जाता है। ऐसी स्थिति में घटनाओं के घटने के पश्चात् तत्काल उनका एक आकलन बनाना और उसे लिपिबद्ध करना अपने आप में महत्त्वपूर्ण होता है।

इस दृष्टि से कार्यकर्ता लेखक श्री प्रवीण गुगवानी की प्रस्तुत पुस्तक महत्त्वपूर्ण है, मैं इस तरीके के प्रयासों का महत्त्व समझते हुए उनका हमेशा स्वागत करता रहा हूँ। उसी क्रम में इस पुस्तक का भी मैं हार्दिक स्वागत करता हूँ और लेखक को भी शुभकामनाएँ देता हूँ।

भवदीय

(विनय सहस्रबुद्धे)

17, फिरोजशाह रोड, नई दिल्ली–110001
फोन : 011–23782318
इ–मेल : office@vinavsahasrabuddhe.in

इस पुस्तक के पहले और इस पुस्तक के बाद

दस वर्षों के सोनिया-मनमोहन के कांग्रेस शासन के बाद हो रहे ऐतिहासिक राजनीतिक परिवर्तन के दौरान जब मैंने पहली पुस्तक 'नमो सरकार के तीन वर्ष' लिखी थी, तब वह मेरी स्वमेव प्रेरणा नहीं, अपितु संगठन की प्रेरणा व आदेश था। लेखन जैसे सृजनात्मक कार्य में किसी संगठन के आदेश जैसा शब्द अप्रासंगिक लगता है, किंतु राष्ट्रीय स्वयंसेवक संघ जैसे संगठन में लंबे समय तक कार्य करने के बाद एक स्तर पर जाकर अचानक आपको यह आभास होता है कि संगठन के आदेश किसी आदेश के रूप में नहीं, अपितु प्रेरणा के रूप में भी आ सकते हैं और आ रहे हैं। प्रेरणा को आदेश व आदेश के प्रेरक होने का आभास होना, यह एक बिरला, किंतु नितांत निजी अनुभव है, जो केवल मेरा नहीं, बल्कि मेरे जैसे लाखों स्वयंसेवकों को प्राय: मिलता रहता है। इस शृंखला की पहली पुस्तक 'नमो-7, रेसकोर्स की ओर' के समय दूसरी पुस्तक 'नमो-7, रेसकोर्स में प्रथम वर्ष-कांग्रेस मुक्त भारत की अवधारणा' की कल्पना नहीं की थी और दूसरी के समय तीसरी की। नरेंद्र मोदी सरकार के दो वर्ष पूर्ण होते-होते मन में यह पुस्तक आकार लेने लगी थी, तब लगा था कि यह पुस्तक पाँच वर्षों तक शृंखला के रूप में आए तो उचित रहेगा! कुछ अन्यान्य व परिहार्य स्थितियों वश दूसरे वर्ष इस पुस्तक का प्रकाशन नहीं हो पाया। अब नमो शासन के द्वितीय व तृतीय वर्ष की महत्त्वपूर्ण घटनाओं को 'सहिष्णु भारत' के चश्मे से

देखते हुए यह पुस्तक आपके सम्मुख प्रस्तुत है।

भारत में पिछले तीन वर्षों में सहिष्णुता शब्द बड़ा प्रचलप में रहा। शुद्ध भारतीयता, हिंदुत्व व अंशत: वैदिक विचार केंद्रस्थ कर जो भारतीय जनता पार्टी की सत्ता दिल्ली पर आ विराजी, उससे इस देश को सत्तर वर्षों व उसके पूर्व से भी चला रही वामपंथी व वामपंथियों की पोषक कांग्रेसी विचारधारा इतनी असहिष्णु हो बैठी कि उसने सहिष्णुता शब्द को राजनीति का केंद्रीय शब्द बना दिया था। ऐसा नहीं है कि इस देश की मूल ऋषि परंपरा से, वैदिक आख्यानों से, मूल संस्कृति से निकला यह शब्द इस देश में प्रथम बार विदेशी विचार के आक्रमण को सह रहा हो। पिछले हजारों वर्षों के इतिहास में ऐसा कभी यदा-कदा तो कभी सर्वदा होता रहा है। हम भारतीयों के मूल स्वभाव से कई विदेशी शासकों ने व उनके हिंसक विचारों ने खेला है, जिसके पच्चीसों उदाहरण इतिहास के ऊपरी पन्ने पलटने पर ही हमें उपलब्ध होते चले जाते हैं।

सहिष्णुता वस्तुत: एक सांस्कृतिक गुण है। मानव को सहिष्णुता का गुण और उसकी गुणात्मकता, आकार व मात्रा उसकी सांस्कृतिक पृष्ठभूमि से मिलती है। अर्थात् सहिष्णुता एक सांस्कृतिक लक्षण है, किंतु भारतीयों या यूँ कहिए कि हिंदुओं के विषय में यह कथन अन्यान्य प्रतीकों के प्रतिनिधित्व के साथ यह हो जाता है कि ''सहिष्णुता एक ऐसा गुण है, जो भारतीयों में एक प्राकृतिक लक्षण या चिह्न के रूप में जन्म से ही आकार लेने व विकसित होने लगता है।''

भारत कई विदेशी आक्रमणों व बर्बर आक्रांताओं का शिकार रहा, किंतु संपूर्ण शक्ति संपन्न व अद्‌भुत सैन्य शक्ति से सुसज्जित भारतीय राजाओं ने भी कभी किसी देश पर आक्रमण करके उसपर अधिकार जमाने का प्रयास नहीं किया। भारतीय सदा से विदेशियों व भिन्न संस्कृतियों वाले समुदायों को अपने में समा लेने के गुण की कमजोरी के साथ समय-दर-समय व दिन-प्रतिदिन स्वयं को क्षीण व बलहीन बनाता रहा। हमारे संदर्भ में एक निराशाजनक तथ्य उभरता चला गया कि भारतीय ही

वो लोग हैं, जो अपने विजेताओं के साथ रह रहे हैं।

पिछले दो-तीन वर्षों में भारतीय सहिष्णुता पर चर्चा भले ही अधिक बढ़ गई हो, किंतु भारतीय सहिष्णुता के निर्मम व निष्ठुर परिक्षण का क्रम व उसे एक साँचे विशेष में ढालने की धूर्तता तो दशकों से चल रही है। प्रथमत: यह कि असहिष्णुता और सहिष्णुता का प्रश्न एकाएक वर्ष दो वर्ष में उभरकर महत्त्वपूर्ण हो गया है, ऐसी मान्यता ऐतिहासिक रूप से गलत है। यह तथ्य हमारे अनावश्यक भोलेपन को कम करने की ज्वलंत आवश्यकता को मुखर रूप से प्रकट करता है। सहिष्णुता की इस विलक्षण भारतीय परिभाषा के इस दौर में तथाकथित सेकुलरों, पुरस्कार वापिस गैंग, भारत माता की जय नहीं बोलेंगे, भारत तेरे टुकड़े होंगे इंशा अल्ला इंशा अल्ला जैसी अनेकों नकारात्मकताओं को त्यागते हुए अधिकांशत: तो इस पुस्तक में पुण्यवर्धक घटनाओं को ही उल्लेख है। परिस्थितिवश इस पुस्तक में कुछ ऐसी घटनाओं का भी उल्लेख है, जिनसे भारतीय राजनीति में कहीं पुण्य का क्षरण हो रहा हो। जैसा कि मेरी पूर्व दोनों पुस्तकों में कहा वैसा ही अब भी कहता हूँ कि इस पुस्तक में जिन घटनाओं व राजनैतिक परिवर्तनों का उल्लेख मैं कर रहा हूँ, उनका महत्त्व तात्कालिक तौर पर कई बार कम, कमतर या शून्य भी लग सकता है। घटनाओं व परिवर्तनों में निहित तात्कालिक महत्त्व को नहीं, बल्कि उसमें सुरक्षित दीर्घकालीन परिणाम देने की क्षमता को मैंने मापदंड बनाया है। इस पुस्तक में सभी घटनाएँ सकारात्मक हैं, केवल दो घटनाएँ ऐसी हैं, जो राहुल गांधी के संदर्भ में हैं व नकारात्मकता व्यक्त करती हैं। वस्तुत: राजनैतिक घटनाएँ चाहे वे छोटी हो या बड़ी, महत्त्वपूर्ण लगती हों या महत्त्वहीन, वे कभी भी तीर की भाँति अपने निशाने पर ठीक जा बैठेंगी, यह आवश्यक नहीं होता। किंतु तीर को निशाने पर बैठाने की दृष्टि का यदि तनिक भी उपयोग हुआ हो तो वह दृष्टि कभी-न-कभी पुण्य उपजाती ही है। इसमें ऐसी ही घटनाओं का उल्लेख है, जो तत्काल या भविष्य में पुण्य उपार्जन करने में समर्थ लगी हैं। वैसे यह बहुत ही

सामान्य, किंतु सत्य मान्यता है कि राजनैतिक घटनाओं से बिरले ही पुण्य उपजते हैं, किंतु पुण्य उपजने-उपजाने की घटनाओं को खोजने व उन्हें लिखने का ही नाम 'नमो सरकार के तीन वर्ष' है!!

—प्रवीण गुगनानी
guni.pra@gmail.com

वस्तुतः सत्ता परिवर्तन

नरेंद्र मोदी के प्रधानमंत्रित्व नहीं, अपितु उनके दिल्ली के सेवाकाल के दूसरे व तीसरे वर्ष पर केंद्रित इस पुस्तक में स्वाभाविक ही नरेंद्र मोदी सरकार के कार्यकलापों की चर्चा की गई है। इस अवसर पर प्रसिद्ध संघ विचारक एवं दलित विमर्श के मनीषी रमेशजी पतंगे के एक आलेख में लिखी कुछ पंक्तियाँ मुझे स्मरण आ रही हैं, उन्होंने लंदन के विश्वप्रसिद्ध समाचार-पत्र 'द गार्डियन' के संपादकीय की चर्चा लिखी है। द गार्डियन ने नरेंद्र मोदी के नेतृत्व में भाजपा की चुनावी जीत पर लिखा कि 'आज 18 मई, 2014 का दिन वह दिन है, जब अंग्रेजों ने वस्तुतः भारत छोड़ दिया है, क्योंकि जिस पद्धति से अंग्रेजों ने भारत पर शासन किया था, भारत में स्वातंत्र्योत्तर भी करीब-करीब वैसा ही शासन चलता रहा। इस कालखंड का अंत नरेंद्र मोदी की जीत ने किया है। स्वतंत्रता के बाद भारत ने कांग्रेस के राज में अंग्रेजी राज का ही अलग-अलग तरीके से विस्तार होता रहा। 'द गार्डियन' अखबार आगे लिखता है कि मई 2014 में भारत से अंग्रेजी शासन समाप्त हुआ, अर्थात् अंग्रेजी आचार-विचारों के अनुसार, अंग्रेजी मूल्यों के अनुसार चलनेवाली शासन पद्धति की समाप्ति और अब भारतीय पद्धति, भारतीय मूल्य, भारतीय आचार-विचार, भारतीय आदर्श के अनुसार शासनकाल का समय प्रारंभ हुआ है। नरेंद्र मोदी के शासन का मूल्यांकन हमें इसी आधार पर करना चाहिए, ऐसा नहीं है कि भारत में यह प्रथम सत्ता-परिवर्तन है, सत्ता-

परिवर्तन मोरारजी भाई देसाई, वी.पी. सिंह, देवेगौड़ा, गुजराल के समय भी हुआ, किंतु उस समय भिन्न-भिन्न कारणों से शासन का दृष्टिकोण पूर्ववत् ही रहा। अटल बिहारी वाजपेयी के समय भी सत्ता का दृष्टिकोण नहीं बदल पाया, क्योंकि अटलजी की सरकार एक अल्पमत व विभिन्न विचारों से बनी पार्टियों की बैसाखी पर चल रही थी, अत: इस सरकार का शीर्ष व शेष आकार कुछ जुदा-जुदा सा था। अब नरेंद्र मोदी को पूर्ण बहुमत प्राप्त हुआ है व उन्हें सहयोगी दल की बैसाखियों की भी आवश्यकता नहीं है, अत: यह समय भारत में केवल सत्ता-परिवर्तन का नहीं, अपितु वैचारिक आधार के बदलाव का समय है।

तीन वर्षों में शासन-प्रशासन

इन ढाई वर्षों में देश की जनता ने कई वर्षों बाद बिना स्कैंडलों व बिना घपलों वाली भ्रष्टाचार मुक्त केंद्रीय सरकार का आनंद लिया। देश की जनता का भरोसा नई दिल्ली पर एक बार फिर जमने लगा और लोगों ने एक काम करने, संवाद करने और 'न खाऊँगा न खाने दूँगा' को कहने तथा चरितार्थ भी करनेवाला प्रधानमंत्री देखा। सर्वोच्च पद पर आसीन व्यक्ति जब आदर्श आचरण प्रस्तुत करता है, तब उस आचरण के क्या प्रभाव विभिन्न स्तरों पर कितने अद्भुत ढंग से पड़ते हैं व उसके क्या परिणाम आते हैं, यह इन ढाई वर्षों में देखने को मिला। सस्ती लोकप्रियता से हटकर आवश्यक लक्ष्य केंद्रित राजनीति भी होने लगी और लोकप्रशासन भी इसके अनुरूप ही चलाने लगा। सभी मंत्रालयों सहित मंत्रियों को व अधिकारियों के क्रियान्वयन हेतु एक अद्भुत व प्रभावी, किंतु अदृश्य निगरानी प्रणाली को विकसित कर लेना तथा इसका भय जाग्रत् कर देना मोदी सरकार की एक अभूतपूर्व उपलब्धि रही, जिसके माध्यम से प्रत्येक व्यक्ति व विभाग के आचरण में उत्तरदायित्व-भाव का जबरदस्त विकास हुआ। सभी को यह लगने लगा कि गलती होने

या लक्ष्य पर न पहुँचने पर उसे जवाबदेह रहना होगा और ऐसी स्थिति में उसे हानि का सामना करना पड़ेगा, यह भय जाग्रत् हो गया।

कालेधन वापस लाने में अंतरराष्ट्रीय कानूनों के टकराव के बाद भी सरकार एक अल्प सीमा तक आगे बढ़ पाई, किंतु घरेलू मोरचे पर लगभग 65000 करोड़ के कालेधन को बाहर लाकर मुख्य आर्थिक धारा में फैलाने में कामयाब रही। कालेधन को बाहर लाने की इस योजना के माध्यम से केंद्र की इस सरकार ने लगभग 29000 करोड़ का राजस्व भी अर्जित किया। देश ने जैसा कभी सोचा न था, ऐसी 'गिव इट अप' योजना देश के ध्यान में आई, जिसके सहारे देश के लाखों लोगों ने अपनी गैस सब्सिडी को देश के गरीबों को गैस कनेक्शन उपलब्ध कराने हेतु छोड़ दिया। फ्रांस के साथ राफेल सौदे को अंतिम रूप देकर राफेल विमानों के शीघ्र ही भारतीय सेना में सम्मिलित होने पर मुहर लगा दी। फ्रांस से राफेल डील ने यह भी बताया कि बिना दलाली के भी रक्षा सौदे संभव हैं और किए जा रहे हैं। प्रधानमंत्री बनते ही नरेंद्र मोदी ने जैसे प्रत्येक कार्य को बिजली की गति से करने की सौगंध ले ली। कई वेबसाइटों व लिंक्स के माध्यम से जनता से बलशाली व प्रभावी संपर्क बनाया जाने लगा। आते ही 26 मई की रात को नरेंद्र मोदी ने एक महत्त्वपूर्ण निर्णय लिया और 17 मंत्रालयों को विलय कर केवल विभागों 7 भागों में बाँट दिया गया। सत्ता में आने के प्रारंभिक दिनों में यह निर्णय भी लिया गया कि जन शिकायत के जो 20 सदस्य साउथ ब्लॉक में स्थान की कमी के कारण रेल भवन में बैठ रहे थे, उन्हें जन शिकायत कार्यालय में बैठाने की व्यवस्था की गई। इस कार्य के लिए जो मार्ग चयन किया गया, वह बड़ा ही प्रभावी व उपयोगी रहा। किया यह गया कि करीब दो लाख लंबित फाइलों को जाँच कर उनमें से 60 प्रतिशत फाइलों का निपटारा कर दिया गया। प्रधानमंत्री की अधिकृत वेबसाइट पर आनलाइन आवेदन देने हेतु एक प्लेटफॉर्म बनाया गया और इसे केंद्रीकृत जन शिकायत निवारण

व निगरानी प्रणाली से जोड़ दिया गया। अब नए रूप में यह प्लेटफॉर्म पी.एम.ओ. के नए बनाए गए ऑनलाइन प्लेटफार्म से जुड़ गया और केंद्रीय मेल प्रबंधन इकाई का हिस्सा बनकर तीव्र जन शिकायत निवारण का एक बड़ा माध्यम बन गया। इस सबसे सभी शिकायती मेल एक स्थान पर आने लगे और संबंधित अधिकारी उनकी सीधी निगरानी करने में सक्षम हो गया, परिणामस्वरूप शिकायतों के निपटारे की दर 80 प्रतिशत से अधिक हो गई। जनधन योजना, गैस सब्सिडी में सुधार, यमन में फँसे 4000 भारतीयों को कुशलता से बचाना और न केवल भारतीय बल्कि 25 अन्य देशों के लोगों को भी बाहर निकालना, स्वच्छ भारत मिशन, म्याँमार में काउंटर टेरर अटैक करना, बांग्लादेश से सीमा विवाद पर एक महत्त्वपूर्ण समझौता करना, रियल स्टेट रेगुलेशन हेतु रेगुलेशन अथॉरिटी बनाना, 100 स्मार्ट सिटी बनाने की दिशा में तीव्रता से आगे बढ़ना, मेक इन इंडिया, कामगारों के हित में इ.पी.एफ.ओ. सुधार करना, आधार बिल को पास कराना, गंगा पुनरुद्धार की दिशा में तेजी से आगे बढ़ना, बुलेट ट्रेन की योजना पर कार्य करना, छोटे कारोबारियों हेतु मुद्रा योजना, ग्रामों के समग्र विकास हेतु प्रतीक रूप में सांसद आदर्श ग्राम योजना, कौशल विकास हेतु स्किल इंडिया, एफ.डी.आई. में सरलीकरण, रोजगार बढ़ाने व नए कारोबारियों को अवसर देने हेतु स्टैंडअप योजना, बच्चों के टीकाकरण में 100 प्रतिशत सफलता हेतु इंद्रधनुष योजना आदि अनेकों ऐसे कार्य हुए, जो लोक प्रशासन में अद्वितीय रहे।

ढाई वर्षों के अल्प कार्यकाल में मोदी सरकार ने अपनी कार्यकुशलता से देश के मन में काम करनेवाली सरकार की उद्‌भट छवि बना ली। सबसे बढ़कर यह बात प्रशंसनीय रही कि यह सरकार काम करनेवाली सरकार से बढ़कर ईमानदारी से काम करनेवाली सरकार की छवि बनाने में अद्‌भुत रूप से सफल रही। ढाई वर्षों में महँगाई से बड़ी राहत मिली, तो कभी महँगाई तंग भी करती रही। आपसी द्वेष व दंगे फसादों से व

इसके डर से बहुत हद तक मुक्ति मिल गई। रोजगार के अवसर तेजी से बढ़े, भ्रष्टाचार में तेजी से कमी आई। संपूर्ण विश्व में जबकि आर्थिक मंदी का वातावरण है, तब 7 प्रतिशत से अधिक की विकास दर को बनाए रखना इस दौर की सर्वाधिक महत्त्वपूर्ण उपलब्धि रही। देश की मोदी सरकार के नेतृत्व में सभी विभागों में एक संस्थागत दृष्टि विकसित हुई, जिससे भारत के एक मैन्युफैक्चरिंग हब बनने की संभावनाएँ तेजी से चमकीली नजर आने लगी हैं। आर्थिक क्षेत्र में जैसे मोदिनामिक्स नाम का एक नया शब्द हर तरफ गूँजने लगा है। 'मिनिमम गवर्नमेंट मैक्सिमम गवर्नेंस' का मोदी फॉर्मूला इन ढाई वर्षों में बहुत हद तक प्रभाव दिखाने और अपनी विलक्षण छाप छोड़ने में सफल रहा। नौकरशाही में नियुक्ति व पोस्टिंग पर महीन मॉनिटरिंग की योजना बनाई गई, जिसके अपने अलग सफल परिणाम दिखे। देश के प्राकृतिक संसाधनों के आवंटन में जो पिछली सरकार में कोलगेट व टूजी के हल्ले-गुल्ले देश की जनता का चैन हर ले रहे थे, उसके स्थान पर अब पारदर्शिता के सुंदर दृश्य दिखने लगे हैं। चालू खाते का घाटा भी कम हुआ और राजकोषीय घाटा भी बहुत हद तक कम हुआ है व मुद्रास्फीति कम हुई है। न केवल भारत में अपितु वॉशिंगटन, लंदन, बर्लिन, पेरिस, टोकियो सहित विश्व के हर क्षेत्र में यह मान्यता बनी कि मोदी के नेतृत्व में एन.डी.ए. सरकार सही दिशा में व सही लक्ष्य की ओर बढ़ रही है। सबसे बड़ी बात यह रही कि मोदी सरकार एक पुख्ता नीतिगत ढाँचा निर्मित करने में कामयाब रही, जिसके माध्यम से उनकी सरकार के प्रत्येक प्रयास को आशातीत सफलता मिलना सुनिश्चित हो गया है।

गरीबों के कल्याण की प्रतिबद्धता, देश के विकास में आम नागरिक की भागीदारी सुनिश्चित करना और भ्रष्टाचार के कलंक से मुक्त सरकार देश को देना ऐसे शृंखलागत कार्य हैं, जिससे देश का आगे बढ़ना सुनिश्चित होने लगा है। हाँ, एक बात अवश्य कही जा सकती है कि

बेरोजगारी कम करने का मोदी का वचन अधूरा सा रहा और गरीबों को समर्पित यह सरकार गरीबी को कम करने में पर्याप्त सफल नहीं हो पाई।

जन विमर्श के विषयों से मीडिया ने किया परहेज

दादरी, रोहित वेमुला, असहिष्णुता, राष्ट्रद्रोह, भारत माता की जय, केरल में हुई जघन्य हत्याओं और भी कई घटनाओं के मध्य नरेंद्र मोदी की राजग सरकार के तीन वर्ष पूर्ण हुए। इस मध्य यदि हम स्मरण करें, तो लगता है कि जन विमर्श के कई विषय ऐसे रहे, जिन पर देश में चर्चा ही नहीं होने दी गई; और कई विषय ऐसे रहे, जिन पर अस्वाभाविक तौर पर लंबी और दीर्घ चर्चाएँ की गईं। देश में कई विषय ऐसे रहे, जिनका सीधा सरोकार देश की जनता से रहा, किंतु उन्हें जैसे षड्यंत्रपूर्वक अनदेखा किया गया। सर्वसाधारण जनता से जुड़े ऐसे विषयों पर चर्चा व विमर्श न होना ही इस देश के वर्तमान व भविष्य दोनों को दुष्प्रभावित करता है।

लगता ही नहीं कि किसी भी कोण से देश के मीडिया का कोई हिस्सा केंद्र की इस मोदी नेतृत्ववाली राजग सरकार के पारदर्शिता के प्रति आए रुझान की ओर ध्यान देना चाहता हो। केंद्र सरकार कई सारी वेबसाइटों, कई सारे मोबाइल एप्स, डिजिटल इंडिया व तकनीकों के माध्यम से अधिक-से-अधिक भारतीयों की सीधी पहुँच में आ गई है। लोग सरकार से सीधे बात कर रहे हैं और उसे देख-सुन रहे हैं।

अध्ययन कह रहे हैं कि देश की 68 प्रतिशत महिलाएँ मोदी की प्रशंसक हैं। यही अध्ययन देश के 68 प्रतिशत युवाओं के भी मोदी सरकार से संतुष्ट होने की बात कहते हैं। देश की 74 प्रतिशत जनता मानती है कि देश में महँगाई कम हुई है। कुल 74 प्रतिशत महिलाओं ने भी महिला सुरक्षा के प्रति सुखद वातावरण निर्मित होने को स्वीकारा है। मोदी देश के मुसलिमों का हृदय जीतने का प्रयत्न ईमानदारी से कर रहे हैं, ऐसा देश की 52 प्रतिशत मुसलिम महिलाओं ने स्वीकारा है। मोदी ने जो दो

आम बजट दिए हैं, उनसे देश में आत्मविश्वास, उत्साह व आशाओं का जागरण हुआ है। देश के 78 प्रतिशत लोगों का मानना है कि मोदी लोकतांत्रिक शैली से कार्य कर रहे हैं। सरकारी भ्रष्टाचार कम होने के तथ्य को तो जैसे किसी भी प्रकार आँकड़ों की आवश्यकता ही नहीं है। भ्रष्टाचार के विषय में एक नए दृष्टिकोण व शून्य सहनशीलता वाली केंद्र सरकार देश में पहले-पहल ही देखने में आ रही है। केंद्र सरकार की पारदर्शिता के किस्से व किसी भी मंत्री के किसी भी प्रकार के भ्रष्टाचार से निर्लिप्त रहने का अपूर्व अनुभव हम देशवासी अनुभूत कर रहे हैं।

विदेश नीति के विषय में देश को जो अभूतपूर्व सफलताएँ मिली हैं, उनके संदर्भ में देश का मीडिया चुप्प सा ही रहा है। हाँ, एन.एस.जी. मामले में देश को मिली विफलता का जिक्र अवश्य जोर-शोर से किया गया है। एन.एस.जी. मामले में तो कई बार ऐसा लगा, जैसे भारत के विपक्षी दल और मीडिया भारत को मिली इस असफलता से प्रसन्न हो रहे हों! अमेरिकी राष्ट्रपति बराक ओबामा, रूस के पुतिन, ब्रिटेन के कैमरान, जापान के शिंजो आबे जैसे विश्व नेताओं से मोदीजी ने व्यक्तिगत संबंध व तादात्म्य स्थापित किए, जिनका परिणाम भारत को हर स्तर पर मिला। अमेरिका, ब्रिटेन में रह रहे भारतवंशियों में चर्चा व विश्वास का वातावरण जाग्रत् कर उन्हें भारत में निवेश व भागीदार बनाने हेतु प्रेरक स्थितियाँ तैयार की गई हैं। ऑस्ट्रेलिया, कनाडा भारत को यूरेनियम देने हेतु सहमत हुए हैं। भारत के के. वी. कामथ ब्रिक देशों के बैंक के प्रथम अध्यक्ष मनोनीत हुए हैं। कार्बन उत्सर्जन घटाने का भारतीय फॉर्मूला विश्व स्तर पर स्वीकार्य हुआ है और 121 देशों के सौर अलायंस की भारतीय पहल सफल हुई है। भारत-बांग्लादेश में भू-हस्तांतरण संधि हो गई है। और भी अनेक राजनयिक मोरचे हैं, जहाँ भारत सफल रहा है।

पिछले दिनों देश में दवाओं के मूल्य निर्धारित करनेवाले राष्ट्रीय औषधि मूल्य निर्धारण प्राधिकरण ने एक बार 54 और फिर दुबारा 54

इस प्रकार कूल 108 जीवनरक्षक दवाओं के मूल्यों में 55 प्रतिशत की कमी की है। हृदय रोग में लगनेवाले स्टेंट के मूल्य में भारी कमी ने चिकित्सा क्षेत्र में गरीबों व मध्यमवर्गीय लोगों के प्रति सरकार का ध्यान दरशाया है। जन-विमर्श के इस विषय को जैसे मीडिया के सभी माध्यमों ने इस परिणामदायी व सुखदायी समाचार को एक सामान्य खबर भर बनाकर छोड़ दिया।

जो सड़क निर्माण 2014-15 में 8.5 किमी प्रतिदिन के औसत से होता था, वह 11.9 के औसत से होने लगा है। गाँवों में पूर्व की अपेक्षा 11 हजार किमी. सड़क अधिक बनाकर 35 हजार किमी. सड़क निर्माण का अद्‌भुत लक्ष्य पूर्ण किया गया है।

प्रधानमंत्री नरेंद्र मोदी के नेतृत्व में केंद्र सरकार ने कई ऐसे प्रयोग किए हैं, जिनकी कल्पना करना भी पिछली सरकारों के बस में नहीं था। वस्तुतः नवाचारों के मामले में पिछली केंद्रीय सरकारों ने विचार करना ही त्याग दिया था। स्वच्छ भारत, बेटी बचाओ, बेटी पढ़ाओ, मुद्रा बैंक, वित्तीय समावेश, सामाजिक सुरक्षा कानून, स्किल इंडिया, मेक इन इंडिया जैसे अनेक नवाचार के मामले देश को प्रस्तुत किए गए हैं। सौ प्रतिशत नीम कोटेड यूरिया का नवाचार भी कुछ ऐसा अद्‌भुत नवाचार है। अत्यंत लघु सा दिखनेवाला यह दीर्घ परिणामदायी कदम मीडिया की नजरों से ओझल जैसा ही रहा। 2015-16 में यूरिया का सर्वाधिक उत्पादन 245 लाख मीट्रिक टन करना, जहाँ एक बड़ी उपलब्धि थी, वहीं दूसरी ओर इस सौ प्रतिशत वाले नीम यूरिया का एक भी प्रतिशत गैर-कृषि कार्यों में प्रयुक्त न होने देना एक ऐतिहासिक उपलब्धि है। कोयले की पारदर्शी नीलामी ने देश व राज्यों को आश्चर्यजनक ढंग से 3.44 लाख करोड़ रुपए अधिक दिलवाए हैं और उधर स्पेक्ट्रम नीलामी में 1.10 लाख करोड़ रुपए मिले हैं। जो बी.एस.एन.एल. यू.पी.ए. सरकार के दौरान 8000 करोड़ का घाटा दिखा रहा था, वही बी.एस.एन.एल. 14-15 में 672 करोड़

का मुनाफा दे गया है। डिजिटल इंडिया योजना में 1,18,000 करोड़ के 175 निवेश प्रस्ताव मिले हैं। एक बड़ा परिवर्तन यह आया है कि परस्पर सहयोगी संघवाद की दिशा में केंद्र सरकार ने 14वें वित्त आयोग की वह सिफारिश मान ली है, जिसके अनुसार 42 प्रतिशत कर आमदनी की राशि राज्यों को दे दी जाएगी। जनधन योजना के अंतर्गत लगभग 23 करोड़ बैंक खाते खुले हैं व लगभग 36000 करोड़ की राशि जमा हुई है। यह एक बड़ी सफलता है कि गरीबों व निम्न मध्यमवर्गियों के व्यर्थ थमे हुए हजारों करोड़ रुपयों को गतिशीलता मिल गई व अनुत्पादक पड़ी इस रकम पर उसके स्वामियों को ब्याज भी मिलने लगा। प्रधानमंत्री के Give It up के आग्रह से 1.13 करोड़ उपभोक्ताओं ने गैस सब्सिडी लेनी बंद कर दी है। उधर पाँच करोड़ उपभोक्ताओं को मुफ्त गैस देनेवाली उज्ज्वला योजना के लक्ष्य अपने आप में स्वर्णिम हैं।

मोदी सरकार के दो वर्ष पूर्ण होने पर वित्त मंत्रालय ने देश को बताया है कि अप्रत्यक्ष कर चोरी के रूप में पचास हजार करोड़ रुपए से अधिक का और अघोषित आय के रूप में इक्कीस हजार करोड़ रुपए से अधिक का पता लगाकर उसे वैध करने का कार्य किया गया है। कालेधन की जाँच के लिए भी 1400 अन्य मामले दर्ज करके उनकी जाँच के लिए विशेष जाँच दल गठित किए गए हैं। इस समाचार को भी जैसे एक सामान्य समाचार की भाँति आगे-पीछे कर दिया गया। समाचार माध्यमों की भड़काऊ और बिकाऊ खबरों की भूख और सेकुलर दृष्टिकोण ने देश के हर सकारात्मक समाचार और विमर्श के विषयों को जैसे प्रारंभिक अवस्था में ही लीलना प्रारंभ कर दिया है। इस बात को तो मीडिया ने बड़ी ही बुरी तरह से पानी में घोल के पी लिया कि घोटालों से परिपूर्ण एक पूरे दशक के बाद भारत किस प्रकार एक चतुर्मुखी विकास और बदलाव की राह पर चल पड़ा है। देश आर्थिक स्कैंडलों से बाहर एक नई आशा की किरण से जगमगा रहा है, अर्थव्यवस्था में आशाओं का

अतीव संचार होकर वह एक नई रौनक की ओर बढ़ चली है। केंद्र सरकार से भ्रष्टाचार का समाप्त हो जाना कोई छोटी-मोटी घटना नहीं है, यह अपने आप में एक मील का पत्थर है, जिसे नरेंद्र मोदी सरकार ने अपने पहले ढाई वर्ष में पार किया है। विभिन्न केंद्रीय संस्थान अपनी साख के चरम पर दिखाई दे रहे हैं। आर्थिक दृष्टि से एक बड़ा व अपूर्व वित्तीय राजस्व व चालू खाते का लाभ व साथ ही व्यापारिक लाभ देश की मुट्ठी में है। सुशासन व विश्वास से सराबोर इस वातावरण की अपेक्षा पिछले दशक में किसी को भी नहीं थी।

दुनिया भर में जहाँ लगभग सभी अर्थव्यवस्थाएँ पिछड़ रही हैं, चीन जैसी अर्थव्यवस्था भी चरमरा रही है, वहीं हम चीन से अधिक तीव्र दर से आगे बढ़ने के स्वप्न को आश्चर्यजनक ढंग से चरितार्थ कर रहे हैं। 16-17 के चालू वर्ष में 7.5 प्रतिशत की वृद्धि दर की आशा की जा रही है, जबकि चीन की वृद्धि दर की आशा 6.5 प्रतिशत की है। भारत में प्रत्यक्ष विदेशी निवेश 48 प्रतिशत बढ़ा है। 2014 में जो निर्माण दर 1.7 प्रतिशत की दर से बढ़ रही थी, वह वृद्धि दर 2016 में 12.6 प्रतिशत हो गई है। भारत का विदेशी मुद्रा भंडार 363.12 अरब डालर के कीर्तिमान को छू रहा है।

संपूर्ण देश इस विश्वास के वातावरण को भोग रहा है और आनंद भी ले रहा है। जनता ने जो जनादेश नरेंद्र मोदी सरकार को दिया था, जनता उसका आनंद भी उठाती दिखी, किंतु लगता है, देश के विपक्षी दल ढाई वर्ष बाद भी अब तक जनादेश को स्वीकार करने की मानसिकता में नहीं आ पाए हैं। एक जी.एस.टी. मामले को छोड़ दें, तो बाकी सभी मामलों में संसद् अतीव गतिरोध, अंतर्विरोध व किंकर्तव्यमूढ़ता की स्थिति में दिखी है।

ऐसे महत्त्वपूर्ण व सकारात्मक विषयों की चर्चा, जो अत्यंत उत्साहवर्धक व प्रसन्नता के साथ देश का मूड सुधारनेवाले हो, अत्यंत

सूक्ष्म तौर पर यहाँ की गई है। ऐसे स्वभाववाले अनेकों विषय आए और चले गए, मीडिया में उनकी अल्प चर्चा न होने व उन्हें जन विमर्श का केंद्र न बनाए जाने से इन घटनाओं का प्रभाव समाप्त नहीं हो जाएगा! घटनाएँ अपना प्रभाव व असर छोड़ेंगी और अपने गुण-दोषों के आधार पर परिणाम भी देंगी, किंतु मीडिया का इन घटनाओं के साथ रूखा व सौतेला रवैया देश को प्रसन्नता व सकारात्मकता से भरे समाचार पढ़ने व उन्हें मथने, मनन करने के अवसर से वंचित कर गया, इससे कोई इनकार नहीं कर सकता। देश के सेकुलर दृष्टिकोण वाले मीडिया का सकारात्मकता को टालने व नकारात्मकता को अधिक-से-अधिक छापने का रवैया एक गंभीर, सुदीर्घ व समृद्ध विचार-मंथन की बाट जोह रहा है।

तेजी से गंगा में बहा पानी

घटनाक्रम की दृष्टि से नरेंद्र मोदी के शासन काल के प्रथम तीन वर्ष वैचारिक घटनाओं व वैचारिक बहावों के वर्ष रहे। इस मध्य पुरस्कारों व सम्मान वापसी की नौटंकी देखने को मिली, वहीं अभिव्यक्ति की स्वतंत्रता के नाम पर बेशर्मी की हद तक दिखाई दे गई। भारत माता की जय के नाम पर भी बवाल उठे, जे.एन.यू. में राष्ट्रविरोधी गतिविधियों ने किसी राक्षस की भाँति सिर उठाया। अखलाक की मृत्यु पर देश भर के विपक्षी दल व मीडिया को एक ही बात का बवंडर बनाते देखा गया कि प्रधानमंत्री इस मुद्दे पर कुछ बोल क्यों नहीं रहे हैं। लगा कि जैसे पूरे देश में अखलाक की मृत्यु ही एक विषय है और यदि इस पर प्रधानमंत्री न बोलें तो कोई राष्ट्रीय संकट आ पढ़ेगा। मुद्दों के अभाव में संपूर्ण विपक्ष व मीडिया का एक भाग अनावश्यक मुद्दों को तूल देने को मजबूर होता दिखा। विभिन्न विदेशी यात्राओं में मोदी अपने विलक्षण रूप, संवाद कला व कूटनीति से वैश्विक राजनीति में अपना अलग, किंतु ऊँचा स्थान बनाते दिखे। बराक ओबामा, पुतिन, कैमरान के

अलावा फ्रांस, जापान, जर्मनी, अफगानिस्तान, बांग्लादेश व कई अरब देशों के शासनाध्यक्षों से व्यक्तिगत स्तर पर समन्वय व तादात्म्य का एक नया अध्याय लिखते दिखे। भारतीय प्रधानमंत्री से विभिन्न राष्ट्राध्यक्षों से इस प्रकार के व्यक्तिगत संबंध इसके पूर्व कदाचित ही किसी अन्य प्रधानमंत्री के देखने को मिले हों। इस मध्य यह भी हुआ कि अमेरिका में होनेवाले राष्ट्रपति चुनाव में राष्ट्रपति पद के प्रत्याशी डोनाल्ड ट्रंप अपने देश में नरेंद्र मोदी के नाम पर वोट माँगते दिखे और स्वयं को मोदी का व हिंदुओं का एक बड़ा प्रशंसक बताते हुए भी दिखे।

कुल मिलाकर देश के ये ढाई वर्ष अद्‌भुत योजनाओं, प्रयासों व परिणामों के वर्ष रहे; किंतु इन प्रयासों का लेखा-जोखा करने का जो कार्य मीडिया को जिस शैली से करना था, उसका अभाव रहा। अनेकानेक विषयों पर देश की जनता आह्लाद पूर्ण समीक्षा को पढ़ने से वंचित रही और मीडिया द्वारा व्याप्त अनेकानेक व्यर्थ के वितंडे व प्रलाप झेलने को देश की जनता मजबूर रही।

आपका

—प्रवीण गुगनानी

अनुक्रम

प्रस्तावना *7*

भूमिका *9*

दो शब्द *11*

इस पुस्तक के पहले और इस पुस्तक के बाद *13*

लेखकीय—वस्तुतः सत्ता परिवर्तन *17*

1. प्रधानमंत्री ने कहा है अपनी मिट्टी के दीये जलाना 31
2. पंडित पलायन के 26 वर्ष 38
3. विश्व स्तर पर योग दिवस को मान्यता 43
4. कश्मीर में मोदी, अमित शाह व माधव की दूसरी पारी 45
5. मोदी की एग्रोनॉमिक्स 49
6. अटल नमो दृष्टि का परिणाम—ईरान चाबहार समझौता 54
7. नमो सरकार के संसदीय कौशल्य का प्रतिफल जीएसटी 58
8. महात्मा गांधी की हत्या : संघ और राहुल 62
9. गौसेवा में बढ़ेगी जवाबदेही, संवेदना व पवित्रता 68
10. अंतरराष्ट्रीय मंचों से पाक-चीन का घेराव 73

11. मोजांबिक से हिंद महासागर में सशक्त भारत 77

12. लालकिले के बहु प्रतीक्षित होते भाषण 81

13. बतर्ज बांग्लादेश मोदी का मिशन बलूचिस्तान 83

14. राष्ट्रवाद के ज्वार में खून की दलाली का खलल 87

15. सर्जिकल ऑपरेशन : वाह भारतीय सेना, वाह नमो! 91

16. तीन तलाक के मुद्दे पर मुखर हुए मोदी 95

17. बलूचिस्तान पीओके—मोदी का मारक हथियार 100

18. स्वातंत्र्योत्तर भारत का सर्वाधिक बड़ा निर्णय 104

19. जन्मभूमि का नजराना देकर नजीर पेश करे मुसलिम समाज 107

20. कश्मीर में पत्थरबाजी का दौर 111

21. उ.प्र. चुनाव : वस्तुतः भारतीय राजनीति का नमोकरण 116

प्रधानमंत्री ने कहा है अपनी मिट्टी के दीये जलाना

नरेंद्र मोदी संभवत: पूरे विश्व में ऐसे प्रथम राष्ट्राध्यक्ष होंगे, जिनके भाषणों में देश के बहुत छोटे-छोटे से लगनेवाले किंतु विराट् प्रभाववाले विषय प्रमुख स्थान पाते हैं। पिछले माह जब राष्ट्र के नाम अपने संबोधन की शृंखला 'मन की बात' में प्रधानमंत्री नरेंद्र मोदी ने देश की जनता से निवेदन किया कि इस दीवाली अपने देश के मजदूर के हाथों से बने और अपने देश की मिट्टी से बने दीये ही जलाना तब उस बात के पीछे एक बड़ा अर्थशास्त्र जुड़ा हुआ था। भारतीय परंपराओं और शास्त्रों में केवल लाभ अर्जन करने को ही लक्ष्य नहीं माना गया बल्कि वह लाभ शुभता के मार्ग से चलकर आया हो तो ही स्वीकार्य माना गया है। दीवाली के इस अवसर पर जब हम अपने निवास और व्यवसाय स्थल पर शुभ-लाभ लिखते हैं तो इसके पीछे यही आशय होता है। विचार शुभ हो, जीवन शुभ हो और लाभ अर्थात् जीवन में मिलनेवाला प्रत्येक आनंद या प्रतिफल भी शुभ और शुचितापूर्ण हो और उससे केवल व्यक्ति विशेष नहीं अपितु संपूर्ण समाज आनंद प्राप्त कर परिमार्जित हो, शुभ के देवता गणेश हैं, जो कि बुद्धि के देवता हैं एवं लाभ की देवी लक्ष्मी हैं। अर्थात् बुद्धि से प्राप्त लक्ष्मी या प्रतिफल, दीवाली और अन्य वर्ष भर के अवसरों पर जिस प्रकार हम हमारे पारंपरिक राष्ट्रीय प्रतिद्वंद्वी

चीन में बने सामानों का उपयोग कर रहे हैं, उससे तो कतई और कदापि शुभ-लाभ नहीं होनेवाला है।

एक सार्वभौम राष्ट्र के रूप में हम, हमारी समझ, हमारी अर्थव्यवस्था और हमारा तंत्र-यंत्र अभी शिशु अवस्था में ही है। इस शिशु-मानस पर ईस्ट इंडिया कंपनी और उसके बाद के अंग्रेजों के व्यापार के नाम पर हमारे देश पर हुए कब्जे और इसकी लूट-खसोट की अनगिनत कहानियाँ हमारे मानस पर अंकित ही रहती है और हम यदा-कदा और सर्वदा ही इस अंग्रेजी लूट-खसोट की चर्चा करते रहते हैं, व्यापार के नाम पर बाहरी व्यापारियों द्वारा विश्व के दूसरे बड़े राष्ट्र को गुलाम बना लेने की और उसके बाद उस सोने की चिड़िया को केवल लूटने नहीं बल्कि उसके रक्त की अंतिम बूँदों तक पाशविकता से चूस लेने की घटना विश्व में कदाचित् ही कहीं और देखने को मिलेगी। यद्यपि अब हम और हमारा राष्ट्र आज उतने भोले नहीं हैं, जितने पिछली सदियों में थे तथापि विदेशी सामान को क्रय करने के विषय में हमारे देशी आग्रह जरा कमजोर क्यों पड़ते हैं, इस बात का अध्ययन और मनन हमें आज के इस बाजार सर्वोपरि के युग में करना ही चाहिए! आज हमारे बाजारों में चीनी सामानों की बहुलता और इन सामानों से ध्वस्त होती भारतीय अर्थव्यवस्था और छिन्न-भिन्न होते औद्योगिक तंत्र को हम देख-समझ ही नहीं पा रहे हैं और हमारा शासन तंत्र और जनतंत्र दोनों ही इस स्थिति को सहजता से स्वीकार कर रहे हैं—इससे तो यही लगता है।

पिछले दिनों हम भारतीय एक उल्लेखनीय राजनयिक घटना के साक्षी बने, जिसके अंतर्तत्त्व को प्रत्येक भारतीय समझे, यह आवश्यक है। चीनी राष्ट्रपति के भारत प्रवास में भारत प्रशासन उनसे सौ अरब डॉलर के निवेश हेतु आश्वस्त था किंतु इसके सामने उन्होंने मात्र 20 अरब डॉलर के ही निवेश की घोषणा की, ऐसा क्यों हुआ था, इस बात को हमें स्मरण रखना चाहिए! इसके पीछे यह वजह है कि शी जिनफिंग

के दौरे के दौरान चीनी सेना के भारतीय सीमा में अतिक्रमण को मोदी ने मुखरता से उठाया था। चीन द्वारा यह कहा जाना कि सीमा विवाद को एक तरफ रखकर दोनों देश आर्थिक कार्यक्रमों पर ध्यान लगाएँगे, यह उसका एक छलावा मात्र है। शी के भारत आगमन के ठीक पूर्व सीमा पर चीन के अंदर आने और पीछे हटने का कूटनीतिक प्रयोग शी ने किया था। उन्होंने संभवत: इस प्रयोग से नए भारतीय प्रधानमंत्री नरेंद्र मोदी के रुख को समझनें की कोशिश की और फिर बड़ा ही निवेश की राशि कम करके स्पष्ट संदेश देकर एक प्रकार से देख लो—समझ लो—अन्यथा झेल लो का वातावरण सफलतापूर्वक निर्मित कर दिया था। अब यह भारतीयों पर निर्भर है कि हम ड्रैगन के इस व्यवहार को किस प्रकार अपने आचरण में उतारते हैं।

वो तो भारत का तेजी से विस्तारित होता भारतीय बाजार है, जिसके कारण अपनी दीवार को पार करके शी भारत आए अन्यथा भारत तो उनके लिए एक एशियाई क्षेत्र में एक परंपरागत प्रतिद्वंद्वी के सिवा कुछ है ही नहीं, चीन ने भारत के टेलीकाम व्यवसाय में लगभग चार अरब डॉलर का भारी निवेश किया हुआ है। इन सब प्रकार के बाजारों के दोहन के माध्यम से चीनी उद्योग हमसे प्रतिवर्ष लगभग 35 अरब डॉलर का लाभ कमा ले जाते हैं, 35 अरब डॉलर के लाभ के सामने 20 अरब डॉलर के निवेश की घोषणा एक छलावे के सिवा कुछ नहीं है।

हम भारतीय उपभोक्ता जब इस दीपावली की खरीदी के लिए बाजार जाएँगे तो इस चिंतन के साथ स्थिति पर गंभीरता पर गौर करें कि आपकी दीवाली की ठेठ पुराने समय से चली आ रही और आज के दौर में नई जन्मी दीपावली की आवश्यकताओं को चीनी औद्योगिक तंत्र ने किस प्रकार से समझ-बूझकर आपकी हर जरूरत पर कब्जा जमा लिया है। दीये, झालर, पटाखे, खिलौने, मोमबत्तियाँ, लाइटिंग, लक्ष्मीजी की मूर्तियाँ आदि से लेकर त्योहारी कपड़ों तक सभी कुछ चीन हमारे

बाजारों में उतार चुका है और हम इन्हें खरीद-खरीदकर शनैः-शनैः एक नई आर्थिक गुलामी की ओर बढ़ रहे हैं। इन सबके मध्य हमें हमारे नए प्रेम मोदीजी से यह भी पूछना है कि मनमोहन सिंह के समय पर चीनी उद्योगों को जो भारत में स्पेशल सेज यानी लगभग उपनिवेश जैसा औद्योगिक क्षेत्र बनाकर देने के ईस्ट इंडियाना प्रस्ताव को रद्द कर दिया गया है नहीं? यदि हम गौर करेंगे तो पाएँगे कि दीवाली के इन चीनी सामानों में निरंतर हो रहे षड्यंत्रपूर्ण नवाचारों से हमारी दीवाली और लक्ष्मी पूजा का स्वरूप ही बदल रहा है। हमारा ठेठ पारंपरिक स्वरूप और पौराणिक मान्यताएँ कहीं पीछे छूटती जा रही हैं और हम केवल आर्थिक नहीं बल्कि सांस्कृतिक गुलामी को भी गले लगा रहे हैं। हमारे पटाखों का स्वरूप और आकार बदलने से हमारी मानसिकता भी बदल रही है और अब बच्चों के हाथ में टिकली फोड़ने का तमंचा नहीं बल्कि माउजर और ए के 47 जैसी बंदूकें और पिस्तौलें दिखने लगी हैं। हमारा लघु उद्योग तंत्र बेहद बुरी तरह प्रभावित हो रहा है। पारिवारिक आधार पर चलनेवाले कुटीर उद्योग, जो दीवाली के महीनों पूर्व से पटाखे, झालरें, दीये, मूर्तियाँ आदि-आदि बनाने लगते थे, वे तबाह और नष्ट हो जाने के कगार पर हैं। कृषि, कुम्हारी और कुटीर उत्पादनों पर प्रमुखता से आधारित हमारी अर्थव्यवस्था पर मँडराते इन घटाटोप चीनी बादलों को न तो हम पहचान रहे हैं ही हमारा शासन तंत्र, हमारी सरकार को लगता है वैश्विक व्यापार के नाम पर अंधत्व की शिकार हो गई है और बेहद तेज गति से भेड़ चाल चलकर एक बड़े विशालकाय नुकसान की ओर देश को खींचे ले जा रही है।

केवल कुटीर उत्पादक तंत्र ही नहीं बल्कि छोटे, मझोले और बड़े तीनों स्तर पर पीढ़ियों से दीवाली की वस्तुओं का व्यवसाय करनेवाला एक बड़ा तंत्र निठल्ला बैठने को मजबूर हो गया है। लगभग पाँच लाख परिवारों की रोजी-रोटी को आधार देनेवाला यह त्योहार अब कुछ

आयातकों और बड़े व्यापारियों के मुनाफा तंत्र का एक केंद्र मात्र बन गया है। बाजार के नियम और सूत्र इन आयातकों और निवेशकों के हाथों में केंद्रित हो जाने से सड़क किनारे पटरी पर दुकानें लगानेवाला वर्ग निस्सहाय होकर नष्ट-भ्रष्ट हो जाने को मजबूर है। यद्यपि उद्योगों से जुड़ी संस्थाएँ, जैसे—भारतीय उद्योग परिसंघ और भारतीय वाणिज्य एवं उद्योग महासंघ (फिक्की) ने चीनी सामान के आयात पर गहन शोध एवं अध्ययन किया और सरकार को चेताया है तथापि इससे सरकार चैतन्य हुई है, इसके प्रमाण नहीं दिखते हैं।

आश्चर्यजनक रूप से चीन में महँगा बिकनेवाला सामान जब भारत आकर सस्ता बिकता है तो इसके पीछे सामान्य बुद्धि को भी किसी षड्यंत्र का आभास होने लगता है किंतु सवा सौ करोड़ की प्रतिनिधि भारतीय सरकार को नहीं हो रहा है। सस्ते चीनी माल के भारतीय बाजार पर आक्रमण पर चिंता व्यक्त करते हुए एक अध्ययन में भारतीय वाणिज्य एवं उद्योग महासंघ (फिक्की) ने कहा है, 'चीनी माल न केवल घटिया है, अपितु चीन सरकार ने कई प्रकार की सब्सिडी देकर इसे सस्ता बना दिया है, जिसे नेपाल के रास्ते भारत में भेजा जा रहा है।' यह अध्ययन प्रस्तुत करते हुए फिक्की के अध्यक्ष श्री जी.पी. गोयनका ने कहा था, 'चीन द्वारा अपना सस्ता और घटिया माल भारतीय बाजार में झोंक देने से भारतीय उद्योग को भारी नुकसान हो रहा है, भारत और नेपाल व्यापार समझौते का चीन अनुचित लाभ उठा रहा है। पटाखों के नाम पर विस्फोटक सामग्रियों के आयात का खतरा भारत पर अब बड़ा और गंभीर हो गया है।

चीन द्वारा नेपाल के रास्ते और भारत के विभिन्न बंदरगाहों से भारत में घड़ियाँ, कैलकुलेटर, वाकमैन, सीडी, कैसेट, सीडी प्लेयर, ट्रांजिस्टर, टेपरिकॉर्डर, टेलीफोन, इमरजेंसी लाइट, स्टीरियो, बैटरी सेल, खिलौने, साइकिलें, ताले, छाते, स्टेशनरी, गुब्बारे, टायर, कृत्रिम रेशे,

रसायन, खाद्य तेल आदि धड़ल्ले से भेजे जा रहे हैं। दीवाली पर चीनी आतिशबाजी और बल्बों की चीनी लड़ियों से बाजार पटा दिखता है। पटाखे और आतिशबाजी जैसी प्रतिबंधित चीजें भी विदेशों से आयात होकर आ रही हैं। यह आश्चर्यजनक, पीड़ाजनक और चिंताजनक है। आठ रुपए का साठ चीनी पटाखों का पैकेट चालीस रुपए तक में बिक रहा है। सौ सवा सौ रुपए में घातक प्लास्टिकनुमा कपड़े से बने लेडीज सूट, बीस रुपए में झालरें-स्टीकर और पड़ चिह्न, पंद्रह रुपए में घड़ी, पच्चीस रुपए में कैलकुलेटर, डेढ़-दो रुपए में बैटरी सेल बिक रहे हैं। घातक सामग्री और जहरीले प्लास्टिक से बनी सामग्री एक बड़ा षड्यंत्र नहीं तो और क्या है?

गत वर्ष तिरुपति से लेकर रामेश्वरम तक की सड़क मार्ग की यात्रा में साशय मैंने भारतीय पटाखा उद्योग की राजधानी शिवाकाशी में पड़ाव डाला था। यहाँ के निर्धनता और अशिक्षा भरे वातावरण में इस उद्योग ने जो जीवन शलाका प्रज्वलित कर रखी है, वह एक प्रेरणास्पद कथा है। लगभग बीस लाख लोगों को प्रत्यक्ष-अप्रत्यक्ष रूप से रोजगार और सामाजिक सम्मान देनेवाला शिवाकाशी का पटाखा उद्योग केवल धन अर्जित नहीं करता-कराता है बल्कि इसने दक्षिण भारतीयों के करोड़ों लोगों को एक सांस्कृतिक सूत्र में भी बाँध रखा है। परस्पर सामंजस्य और सहयोग से चलनेवाला यह उद्योग सहकारिता की नई परिभाषा गढ़ने की ओर अग्रसर होकर वैसी ही कहानी को जन्म देनेवाला था जैसी कहानी मुंबई के भोजन डिब्बेवालों ने लिख डाली है; किंतु इसके पूर्व ही चीनी ड्रैगन इस समूचे उद्योग को लीलता और समाप्त करता नजर आ रहा है। यदि घटिया और नुकसानदेह सामग्री से बने इन चीनी पटाखों का भारतीय बाजारों में प्रवेश नहीं रुका तो शिवाकाशी पटाखा उद्योग इतिहास का अध्याय मात्र बनकर रह जाएगा।

भारत में 2000 करोड़ रुपए से अधिक का चीनी सामान तस्करी

से नेपाल के रास्ते आता है, इसमें दीवाली पर बिकनेवाले सामान की हिस्सेदारी लगभग 350 करोड़ रुपए की है। इतने बड़े व्यवसाय पर प्रत्यक्ष कर निदेशालय की नजर न पड़ना और वित्त, विदेश, वाणिज्य और उद्योग मंत्रालयों का आँखें बंद किए रहना हमारी शुतुरमुर्गी प्रवृत्तियों और इतिहास से सबक न लेने की ओर गंभीर इशारा करता है। विभिन्न भारतीय लघु एवं कुटीर उद्योगों के संघ और प्रतिनिधिमंडल भारतीय नीति निर्धारकों का ध्यान इस ओर समय-समय पर आकृष्ट करते रहे हैं। दु:खद है कि विभिन्न सामरिक विषयों पर पिछले दशक में देश की तत्कालीन सप्रंग सरकार और इसके मुखिया मनमोहन सिंह चीन के समक्ष निष्प्रभावी और निस्तेज रहे हैं। भारतीय जनमानस को विश्वास है कि नमो अपने राष्ट्रवादी दृष्टिकोण की मुखरता को बाजारवाद और थोथे विकासवाद के चलते दबाएँगे नहीं और चीन के समक्ष अपने भारतीय उत्पादकों और उपभोक्ताओं के सरंक्षण की बलि चढ़ाने के क्रम को पलट देंगे। सामान्य भारतीय उपभोक्ता से भी यह राष्ट्र यही आशा रखता है कि वह यथासंभव अपने आपको चीन में बने उत्पादों से दूर रखे और शुभ-लाभ को प्राप्त करने की ओर अग्रसर हो।

❑

पंडित पलायन के 26 वर्ष

कश्मीरी पंडितों के पलायन के 26 वर्ष पूर्ण हो जाने पर स्वाभाविक ही है कि कश्मीरी पुनर्वास की चर्चा हो अपितु वहाँ चल रहे भाजपा-पीडीपी गठबंधन की प्रतीक्षित सरकार के लक्ष्य की भी चिंता हो। यद्यपि पिछले विस चुनाव में भाजपा श्रीनगर में सत्तारूढ़ होने में विफल रही तथापि वह रिकॉर्ड संख्या में विधानसभा में विराजी, तब भाजपा द्वारा पीडीपी के साथ मिलकर सरकार बनाने व उसके दीर्घकालीन कश्मीरी संकल्पों के मध्य बहुत से वैचारिक मतभेद व कार्यकर्ताओं का असंतोष स्वभावत: ही मुखर हुआ था, किंतु तब भी भाजपा ने एक दुस्साहसी किंतु पवित्र संकल्प के साथ मुफ्ती मोहम्मद के नेतृत्व में सरकार बना ली थी। सरकार बनाने के दस दिन बाद ही भाजपा को झटका लगा जब मुफ्ती ने भाजपा की सहमति के बिना मसरत जैसे देशद्रोही की रिहाई करा दी व आगे और भी देशद्रोहियों की रिहाई की बात करने लगे। ऐसा ही वैचारिक प्रतिरोध कश्मीरी पंडितों के पुनर्वास के संदर्भ में भी जारी रहा है।

आज कश्मीर में 19 जनवरी, 1990 को हुए जनसंहार के बाद 26 वर्षों का दीर्घ समय बीत गया है, जिसमें दिल्ली और श्रीनगर की असंवेदनशीलता के सिवा कश्मीरी पंडितों को कुछ नहीं मिला है। कश्मीर में स्वतंत्रता के समय में 15% कश्मीरी पंडितों की आबादी थी, जो आज 1% से नीचे होकर 0% की ओर बढ़ गई है। कश्मीर के

जनसंख्या आँकड़ों में यदि परिवर्तन का सबसे बड़ा कारक खोजें तो वह एक भयावह दिन 19 जनवरी, 1990 के नाम से जाना जाता है। 1989 से ही पाकिस्तान प्रेरित और प्रायोजित आतंकवादी और अलगाववादी यहाँ अपनी जड़ें जमाकर पंडितों को घाटी से भगाने का लक्ष्य बना चुके थे। भारत सरकार आतंकवाद की समाप्ति में लगी हुई थी। तब के दौर में वहाँ रह रहे ये देशभक्त कश्मीरी पंडित भारत सरकार के मित्र और इन आतंकियों और अलगाववादियों के दुश्मन और खबरी सिद्ध हो रहे थे। इस दौर में कश्मीर में अलगाववादी समाज और आतंकवादियों ने इस शांतिप्रिय हिंदू पंडित समाज के विरुद्ध चल रहे अपने धीमे और छद्म संघर्ष को घोषित संघर्ष में बदल दिया। इस भयानक नरसंहार पर फारुक अब्दुल्ला की रहस्यमयी चुप्पी और कश्मीरी पंडित विरोधी मानसिकता केवल इस घटना के समय ही सामने नहीं आई थी, तब के दौर में फारुख अब्दुल्ला अपने पिता शेख अब्दुल्ला के कदमों पर चलते हुए अपना कश्मीरी पंडित विरोधी आचरण कई बार सार्वजनिक कर चुके थे। हिंजबुल मुजाहिदीन ने 4 जनवरी, 1990 को कश्मीर के स्थानीय समाचार-पत्र में एक विज्ञप्ति प्रकाशित कराई, जिसमें स्पष्टत: सभी कश्मीरी पंडितों को कश्मीर छोड़ने की धमकी दी गई थी। उधर पाक प्रधानमंत्री बेनजीर ने भी कश्मीरियों को भारत से मुक्ति पाने का एक भड़काऊ भाषण दे दिया। घाटी की मसजिदों में अजान के स्थान पर हिंदुओं के लिए धमकियाँ और हिंदुओं को खदेड़ने या मार-काट देने के जहरीले आह्वान और भारत विरोधी नारे बजने लगे। एक अन्य स्थानीय समाचार-पत्र 'अल-सफा' ने भी इस विज्ञप्ति का प्रकाशन किया था। इस भड़काऊ, नफरत, धमकी, हिंसा और भय से भरे शब्दों और आशयवाली विज्ञप्ति के प्रकाशन के बाद कश्मीरी पंडितों में गहरे तक भय, डर घबराहट का संचार हो गया। यह स्वाभाविक भी था क्योंकि तब तक कश्मीरी पंडितों के विरोध में कई छोटी-बड़ी घटनाएँ वहाँ

सतत घट ही रही थीं और कश्मीरी प्रशासन और भारत सरकार दोनों ही उन पर नियंत्रण नहीं कर पा रहे थे। 19 जनवरी, 1990 की भीषणता को और कश्मीर एवं भारत सरकार की विफलता को इससे स्पष्ट समझा जा सकता है कि पूरी घाटी में कश्मीरी पंडितों के घर और दुकानों पर नोटिस चिपका दिए गए थे कि 24 घंटे के भीतर वे घाटी छोड़कर चले जाएँ या इसलाम ग्रहण करें। घरों पर धमकी भरे पोस्टर चिपकाने की इस बदनाम घटना से भी भारत की केंद्र व कश्मीरी सरकारें चेती नहीं और परिणामस्वरूप पूरी घाटी में कश्मीरी पंडितों के घर धू-धू कर जल उठे। मुख्यमंत्री फारुक अब्दुल्ला इन घटनाओं पर रहस्यमयी आचरण अपनाए रहे, वे कुछ करने का अभिनय करते रहे और कश्मीरी पंडित अपनी ही भूमि पर ताजा इतिहास की सर्वाधिक पाशविक-बर्बर-क्रूरतम गतिविधियों का खुले आम शिकार होते रहे। अराजकता चरम पर पहुँच गई, कश्मीरी पंडितों के सर काटे गए, कटे सर वाले शवों को चौक-चौराहों पर लटकाया गया। बलात्कार हुए, कश्मीरी पंडितों की स्त्रियों के साथ पाशविक-बर्बर अत्याचार हुए, गरम सलाखें शरीर में दागी गईं और इज्जत-आबरू के भय से सैकड़ों कश्मीरी पंडित स्त्रियों ने आत्महत्या करने में ही अपनी भलाई समझी। बड़ी संख्या में कश्मीरी पंडितों के शवों का समुचित अंतिम संस्कार भी नहीं होने दिया गया था, कश्यप ऋषि के संस्कारवान कश्मीर में संवेदनाएँ समाप्त हो गईं और पाशविकता-बर्बरता का बीभत्स नंगा नाच दिखा था। जम्मू कश्मीर लिबरेशन फ्रंट और हिजबुल मुजाहिदीन ने जाहिर और सार्वजनिक तौर पर इस हत्याकांड का नेतृत्व किया था। कश्मीरी पंडितों के नेता टीकालाल टपलू की 14 सितंबर, 1989 को दिनदहाड़े हत्या कर दी गई थी। अलगाववादियों को कश्मीर प्रशासन का ऐसा वरदहस्त प्राप्त रहा कि बाद में उन्होंने कश्मीरी पंडित, न्यायाधीश एन. गंजू की भी हत्या की और प्रतिक्रिया होने पर 320 कश्मीरी स्त्रियों, बच्चों और पुरुषों की हत्या

कर दी थी। ऐसी कितनी ही हृदय विदारक और बर्बर घटनाएँ कश्मीरी पंडितों के साथ घटती चली गईं और दिल्ली में बैठी तत्कालीन सरकार लाचार देखती भर रही और उधर श्रीनगर की सरकार तो जैसे खुलकर इन आततायियों के पक्ष में आ गई थी। इसके बाद जो हुआ वह एक दु:खद, क्षोभजनक, बीभत्स, दर्दनाक और इतिहास को दहला देनेवाले काले अध्याय के रूप में सामने आया। अंततोगत्वा वही हुआ, जो वहाँ के अलगाववादी, आतंकवादी—हिजबुल और जेकेएलएफ—चाहते थे। कश्मीरी पंडित घबराकर 19 जनवरी, 1990 को हिम्मत हार गए। फारुख अब्दुल्ला के कुशासन में आतंकवाद और अलगाववाद चरम पर आकर विजयी हुआ और इस दिन साढ़े तीन लाख कश्मीरी पंडित अपने घरों, दुकानों, खेतों, बागों और संपत्तियों को छोड़कर विस्थापित होकर दर-दर की ठोकरें खाने को मजबूर हो गए। कई कश्मीरी पंडित अपनों को खोकर गए, अनेक अपनों का अंतिम संस्कार भी नहीं कर पाए, और हजारों तो यहाँ से निकल ही नहीं पाए और मार-काट डाले गए। विस्थापन के बाद का जो दौर आया, वह भी किसी प्रकार से आततायियों द्वारा दिए गए कष्टों से कम नहीं रहा कश्मीरी पंडितों के लिए, वे सरकारी शिविरों में नारकीय जीवन जीने को मजबूर हुए। हजारों कश्मीरी पंडित दिल्ली, मेरठ, लखनऊ जैसे नगरों में सनस्ट्रोक से इसलिए मृत्यु को प्राप्त हो गए क्योंकि उन्हें गरम मौसम में रहने की आदत नहीं थी। पच्चीस वर्ष पूर्ण हुए किंतु कश्मीरी पंडितों के घरों पर हिजबुल द्वारा नोटिस चिपकाए जाने से लेकर विस्थापन तक और विस्थापन से लेकर आज तक के समय में मानवाधिकार, मीडिया, सेमिनार, तथाकथित बुद्धिजीवी, मोमबत्तीबाज और संयुक्त राष्ट्र संघ—सभी इन कश्मीरी पंडितों की समस्या का कोई ठोस हल अब तक नहीं निकाल पाए। ये सच से मुँह मोड़ने और शुतुरमुर्ग होने का ही परिणाम है कि कश्मीरियों के साथ हुई इस घटना को शर्मनाक ढंग से स्वैच्छिक पलायन बताया गया! इस घटना

को राष्ट्रीय मनावाधिकार आयोग ने सामूहिक नरसंहार मानने से इनकार कर दिया; यह घोर अन्याय और तथ्यों की असंवेदी अनदेखी है! नरेंद्र मोदी सरकार कश्मीरी पंडितों के पुनर्वास हेतु प्रतिबद्ध है और वह इस प्रतिबद्धता को दोहराती रही है किंतु अब पच्चीस वर्षों के इस दयनीय, नारकीय और अपमानजनक अध्याय का अंत होना चाहिए। कश्मीरी पंडितों का पुनर्वास, पुनर्प्रतिष्ठा, कश्मीरियत का पुनर्जागरण यह कार्य अब प्राथमिकता से होना चाहिए। इस संदर्भ में स्मरण रहना चाहिए कि 1. केंद्र सरकार के कहने पर कश्मीर में पुनर्वास हेतु जिस 50 एकड़ भूमि के आवंटन की बात कही गई है, वह अत्यल्प है। 2. पुनर्वास की प्रत्येक चर्चा व निर्णय में पंडितों का समुचित प्रतिनिधित्व हो, 3. 1989-90 के दौरान घाटी से पंडितों को हटाए जाने की जाँच के लिए केंद्र और प्रदेश सरकार जाँच कमीशन गठित करे। 4. घाटी से सुनियोजित तरीके से भगाए जाने और कश्मीरी पंडितों की हत्या के मामलों को पुनः खोला जाए और दोषियों को सजा दी जाए।

❑

विश्व स्तर पर योग दिवस को मान्यता

वैश्विक भूगोल व परिस्थिति विज्ञान का एक तथ्य है कि 21 जून का दिन वर्ष का सबसे दीर्घ व लंबा दिन होता है। अब यह दिन शुद्ध भारतीय विरासत योग के कारण 'विश्व योग दिवस' घोषित हुआ और 21 जून का यह दिन सबसे दीर्घ प्रभाववाला व आयु को भी सुदीर्घ करनेवाला बन गया है। भारतीय प्रधानमंत्री नरेंद्र मोदी के प्रयासों से संयुक्त राष्ट्र संघ ने 21 जून के अंतरराष्ट्रीय योग दिवस होने की घोषणा की व पहली बार विश्व भर में 21 जून, 2015 को योग दिवस प्रतिष्ठापूर्वक मनाया गया। यह पहल नरेंद्र मोदी ने 27 सितंबर, 2014 को संयुक्त राष्ट्र महासभा में अपने भाषण से की थी, जिसमें उन्होंने कहा, "योग भारत की प्राचीन परंपरा का एक अमूल्य उपहार है, यह दिमाग और शरीर की एकता का प्रतीक है; मनुष्य और प्रकृति के बीच सामंजस्य है; विचार, संयम और स्फूर्ति प्रदान करनेवाला है तथा स्वास्थ्य और भलाई के लिए एक समग्र दृष्टिकोण को भी प्रदान करनेवाला है। यह योग केवल व्यायाम के बारे में नहीं है, अपितु अपने भीतर एकता की भावना, दुनिया और प्रकृति की खोज के विषय में है। हमारी बदलती जीवन शैली में यह चेतना बनकर हमें जलवायु परिवर्तन से निपटने में मदद कर सकता है। तो आएँ एक अंतरराष्ट्रीय योग दिवस को गोद लेने की दिशा में काम करते हैं।" 11 दिसंबर, 2014 को संयुक्त राष्ट्र में 193 सदस्यों द्वारा 21 जून को 'अंतरराष्ट्रीय योग दिवस' को मनाने के प्रस्ताव को मंजूरी

मिली। प्रधानमंत्री मोदी के इस प्रस्ताव को 90 दिन के अंदर पूर्ण बहुमत से पारित किया गया, जो संयुक्त राष्ट्र संघ में किसी दिवस प्रस्ताव के लिए सबसे कम समय है। इस पहल को कई वैश्विक नेताओं से समर्थन मिला। सबसे पहले नेपाल के प्रधानमंत्री सुशील कोइराला ने प्रधानमंत्री मोदी के प्रस्ताव का समर्थन किया। संयुक्त राज्य अमेरिका सहित 177 से अधिक देशों— कनाडा, चीन और मिस्र अदि ने इसका समर्थन किया है। "अभी तक हुए किसी भी संयुक्त राष्ट्र महासभा के संकल्प के लिए यह सह-प्रायोजकों की सबसे अधिक संख्या है।"

संयुक्त राष्ट्र के घोषणा करने के बाद श्री रविशंकर ने नरेंद्र मोदी के प्रयासों की सराहना करते हुए कहा, "किसी भी दर्शन, धर्म या संस्कृति का राज्य के संरक्षण के बिना जीवित रहना बहुत मुश्किल है। योग लगभग एक अनाथ की तरह अब तक अस्तित्व में था। अब संयुक्त राष्ट्र द्वारा आधिकारिक मान्यता योग के लाभ को विश्वभर में फैलाएगी।"

भारतीय प्रधानमंत्री नरेंद्र मोदी और गण्यमान्य लोगों सहित करीब 36000 लोगों ने 21 जून, 2015 को नई दिल्ली में पहले अंतरराष्ट्रीय दिवस के लिए 35 मिनट तक 21 योगासनों का प्रदर्शन किया व योग दिवस विश्व भर में लाखों लोगों द्वारा मनाया गया। राजपथ पर हुए इस समारोह ने दो गिनीज रिकॉर्ड्स की स्थापना की। सबसे बड़ी योग क्लास 35,985 लोगों के साथ और चौरासी देशों के लोगों द्वारा इस आयोजन में एक साथ भाग लेने का रिकॉर्ड भी अपने नाम किया। सबसे बड़ी बात अरब देशों सहित विश्व भर में योग दिवस को एक कदम आगे बढ़ने व इसे आयुर्विज्ञान का एक भाग मानने की रही, जिससे भारतीय मान्यताओं, पद्धतियों, शैलियों व परंपराओं को विश्व स्तर पर स्वीकारने का एक नया युग प्रारंभ हुआ।

❑

कश्मीर में मोदी, अमित शाह व माधव की दूसरी पारी

बैद मुआ रोगी मुआ, मुआ सकल संसार।
एक कबीरा न मुआ, जेहिं के राम आधार॥

कश्मीर को लेकर भाजपा राम अर्थात् अपने मूल विचार पर अडिग रहे तो ही वह कश्मीर में जीवित रह पाएगी। कश्मीर के विषय में भाजपा और संघ इस बात को समझ भी रहे हैं; किंतु कई बार नहीं बल्कि अधिकाशंतः परिस्थितियाँ ही सर्वोपरि, नियामक और निर्णायक होती हैं। भाजपा के विषय में भी ऐसा ही है, अपनी बेटी रुबिया सईद के अपहरण की सुनियोजित घटना करवाने और फिर रुबिया की रिहाई के बदले में वी.पी. सरकार के गृहमंत्री रहते हुए दुर्दांत आतंकवादियों की रिहाई करनेवाले मुफ्ती मोहम्मद सईद के साथ सरकार बनाते हुए भाजपा ने तो बहुत कुछ सोचा और याद रखा ही था, किंतु पीडीपी बहुत कुछ विस्मृत कर गई थी। वही स्मृति, श्रवण और लेखन का ज्ञान अब महबूबा के साथ सरकार बनाते समय नरेंद्र मोदी, अमित शाह व राम माधव के बखूबी काम आ रहा है। भाजपा की इस तिकड़ी ने कश्मीर चुनाव में बहुमत से दूर रहने के बाद घटना में छुपे अवसर को पहचाना और उनका दोहन किया और सबसे बड़ी बात जो जोखिम लेना जानते हैं, वे समझ सकते हैं कि नरेंद्र मोदी की भाजपा ने कश्मीर में एक महत्त्वाकांक्षी दाँव

फेंका था, जो अब सफलता की ओर बढ़ता नजर आ रहा है। भाजपा द्वारा कश्मीर में मुफ्ती के साथ सरकार बनाने को एक मात्र संज्ञा दुर्घटना को अवसर में बदलने का दुस्साहस ही कहा जा सकता था। उस समय सामान्य बुद्धि का व्यक्ति भी समझ सकता था। मोदी-शाह-माधव की टोली को पीडीपी से गठबंधन के बाद अपने समर्थकों के नाराज होने का आभास ही नहीं बल्कि गारंटी रही होगी। फिर भी यदि इस टोली ने यह शतरंज की बिसात पर यह बेहद जोखिम भरी चाल चली थी तो इसे विचार आग्रह के प्रति प्रतिबद्धता के रूप में ही देखा जाना चाहिए था। भाजपा और संघ के स्वयंसेवकों ने तब के दौर में इस दुस्साहसी और संघ की दुनिया में अजीब से लगने वाले इस गठजोड़ को नवगर्भ की तरह ही साज-सँभाल दी भी थी।

कश्मीर को लेकर भाजपा का धारा-370 के उन्मूलन का संकल्प, एक विधान का आग्रह और हर कीमत पर यह भारत का अभिन्न अंग है—जैसा स्पष्ट और मुखर दृष्टिकोण रहा है। यह दृष्टिकोण पीडीपी से मेल नहीं खाता किंतु फिर भी पीडीपी का ऐसे दृष्टिकोण रखनेवालों के साथ बने रहना भाजपा की सफलता की एक नई कहानी है।

हिंदू मुख्यमंत्री का लक्ष्य लेकर चले मोदी-शाह-माधव के सामने विधानसभा चुनाव के समय, अपेक्षित परिणाम न आने के बाद और अब दो ही लक्ष्य हैं। तात्कालिक लक्ष्य यह कि आम कश्मीरी भाजपा कार्यकर्ता जैसा सोचता है वैसा निर्णय कर अपनी दुर्लभ रही कश्मीरी कार्यकर्ता पूँजी का सरंक्षण करे और दीर्घकालीन लक्ष्य यह कि इस अवसर का लाभ उठाकर जम्मू और घाटी में अपनी उपस्थिति सुदृढ़ कर हिंदू मुख्यमंत्री का लक्ष्य साधा जाए। इतने बड़े और महत्त्वाकांक्षी लक्ष्य को काँधे पर रखे हुए भी भाजपा ने महबूबा को जिस प्रकार ढाई माह तक सख्ती से साधे रखा, वह स्वयमेव एक बड़ा राजनैतिक संकल्प है।

ऐसा नहीं है कि भाजपा ने कश्मीर में कुछ खोया नहीं है। कश्मीर में

सत्तारूढ़ होते ही तीसरे दिन मुफ्ती द्वारा मसरत जैसे कट्टर आतंकवादियों की रिहाई का पक्षाघात (लकवा) भाजपा की स्मृति में अंकित हो गया है।

महबूबा ने अपने पिता की मृत्यु के बाद सरकार गठन के मामले को शोक दिवस के नाम पर असहज सीमा तक लंबित किया और भाजपा से सौदेबाजी करती रही थी। कभी तेज तो कभी सौजन्यशाली भाषा से वह कश्मीर में सरकार गठन के मामले को अशोभनीयता तक लंबित करती रही किंतु मोदी-शाह-माधव अडिग ही रहे। मोदी-शाह-माधव की यह अडिगता भाजपा के पक्ष में कमोबेश आगे-पीछे हो सकती है किंतु राष्ट्र के विषय में निश्चित ही यह दीर्घकालीन परिणाम देगी। सरकार पूरे छह वर्ष चले अथवा न चले किंतु कश्मीर में अब राष्ट्रबोध छह वर्षों से बहुत आगे की नींव डाल चुका है, यह स्पष्ट हो गया है। हाँ, कुछ निर्णय अप्रिय, अशुभ व अनमने भी लिये गए हैं, जैसे—सेना ने श्रीनगर स्थित 212 एकड़ के टट्टू ग्राउंड सहित जम्मू-कश्मीर के चार बड़े स्थानों को खाली किया, सेना की उत्तरी कमान जम्मू विश्वविद्यालय परिसर के पास 16.30 एकड़ भूमि, अनंतनाग के हाईग्राउंड स्थित 456.60 कनाल जमीन तथा कारगिल के निचले खुरबा थांग स्थित जमीन को जम्मू कश्मीर सरकार को सौंप दी। यह निर्णय राष्ट्रबोध के विरोध में जाता है जिसके लिए भाजपा को तनिक आलोचना भी झेलनी पड़ेगी। विश्वास स्थापना के नाम पर किया गया सरकार गठन के पूर्व का यह निर्णय गठबंधन के लिए और राष्ट्र के लिए किरकिरी बना रहेगा।

महबूबा मुफ्ती का कहना कि उनके दिवंगत पिता मुफ्ती सईद का भगवा पार्टी के साथ गठबंधन करने का निर्णय उनके बच्चों के लिए एक पत्थर की लकीर व वसीयत की तरह है, जिसे अमल में लाना है, भले ही ऐसा करते हुए वे मिट जाएँ; यह कथन भी एक गठबंधन के लिए एक पूँजी है। अब इस पूँजी में ब्याज जुड़ता है या पूँजी का घसारा होता है, यह समय बताएगा।

भाजपा के 25 विधायकों का मंडल व भाजपा के चुनावी गठबंधन के साथी सज्जाद लोन दोनों मिलकर विधानसभा में बड़े भाई की भूमिका में हैं। अत: भूमिका भी बड़ी चाहिए, यह संवाद भी हवा में है, देखते हैं, इसका क्या परिणाम आता है। उधर पनुन जो कि कश्मीरी पंडितों का एक महत्त्वपूर्ण संगठन है, अब इस सरकार गठन के विरोध में है। पनुन के संयोजक अग्निशेखर ने जिन आपत्तियों को उठाया है, वे महत्त्वपूर्ण हैं व उनकी चिंता भी सरकार की विचार प्रक्रिया में होनी ही चाहिए।

उल्लेखनीय है कि दिल्ली में पाकिस्तान दिवस के उपलक्ष्य में आयोजित कार्यक्रम में नमो सरकार के मंत्री प्रकाश जावड़ेकर सम्मिलित हुए। इसी कार्यक्रम में उपस्थित हुर्रियत कांफ्रेंस के कट्टरपंथियों ने कश्मीर समस्या के हल के लिए 'राजनीतिक दृष्टिकोण' अपनाने की माँग की और मोदी सरकार के 'कठोर रवैये' की निंदा की। गत वर्ष इस कार्यक्रम में वी. के. सिंह के शामिल होने पर उनकी कड़ी आलोचना की गई थी।

❑

मोदी की एग्रोनॉमिक्स

भारत में अब तक की सभी दिल्ली सरकारों व उनके प्रधानमंत्रियों के अपने एजेंडे रहे हैं। कभी मशीनीकरण, कभी औद्योगिक क्रांति, कभी गरीबी हटाओ, कभी मारुति कार, कभी कंप्यूटर, कभी समाजवाद, तो कभी वैश्वीकरण आदि विभिन्न सरकारों व प्रधानमंत्रियों के एजेंडे के प्रमुख व प्रिय विषय रहे हैं। अब तक मात्र दो प्रधानमंत्री ऐसे हुए हैं, जिनके एजेंडे में कृषि एक मुख्य विषय हो गया है।

वैसे तो प्रधानमंत्री नरेंद्र मोदी ने कृषि में तीव्र गति से अग्रणी हो गए राज्य मध्यप्रदेश के सीहोर और फिर बरेली में किसान सम्मेलन करके व नई फसल बीमा की घोषणा करके अपनी कृषि नीति का परिचय दे दिया था। प्रेम नरेंद्र मोदी के भाषण में न केवल बीमा योजना का परिचय था अपितु एग्रोनॉमिक्स की बहुत सी बातें ऐसी भी थीं, जिनसे स्पष्ट हो गया था कि नमो सरकार एक दशक पुरानी कृषि नीति का चोला शनैः-शनैः उतारकर नई कृषि नीति की ओर बढ़ रही है। भारत जैसे कृषि प्रधान राज्य में केंद्र सरकार के बजट में जितना स्थान कृषि को मिलना चाहिए था उतना स्थान तो संभवतः प्रथम बार ही इस बजट में मिला है। नमो सरकार कृषि की पुनर्व्याख्या करती प्रतीत हो रही है। भारतीय अर्थव्यवस्था में केवल 15% कृषि उत्पादकता का योगदान है किंतु 58% जनता प्रत्यक्ष-अप्रत्यक्ष रूप से कृषि पर निर्भर है। कृषि उत्पादों की औद्योगिक इकाइयों में लगभग 10% लोग रोजगार प्राप्त करते हैं, कृषि

उत्पादन व इनसे निर्मित उत्पादनों हेतु देश की यातायात व्यवस्था का एक बड़ा प्रतिशत उपयोग होता है। किंतु इन तथ्यों के मध्य एक अप्रिय तथ्य यह भी विकसित हो रहा है कि प्रति व्यक्ति कृषि योग्य भूमि कम होती जा रही है, दूसरी ओर भूमि का वितरण अत्यंत असंतुलित है। देश में आज भी किसानों के पास समस्त कृषि भूमि का 62 प्रतिशत है तथा 90 प्रतिशत किसानों के पास कुल कृषि भूमि का केवल 38 प्रतिशत है। जिस देश में लोकोक्ति प्रचलित थी कि 'उत्तम खेती मध्यम बान करत चाकरी कुकर निदान' अर्थात् कृषि कार्य सर्वोत्तम है, बान अर्थात व्यापार को द्वितीय श्रेणी का रोजगार माध्यम तथा नौकरी करने को कुत्ते की प्रवृत्ति माना गया था; उस देश में आज कृषि को अपनी वृत्ति, व्यवसाय या रोजगार मानने के प्रति घोर उदासीनता आ गई है। देश में आज कृषि के प्रति आकर्षण सतत घटता जा रहा है। भारत की पूर्ववर्ती केंद्र सरकारों की विसंगतिपूर्ण नीतियों के कारण कृषि का सकल घरेलू उत्पादन में योगदान 60% से घटकर 17% रह गया है। यह विसंगति इस तथ्य के आलोक में और अधिक गहरी हो जाती है कि कृषि पर देश की 58% जनता की आजीविका निर्भर है।

सभी जानते हैं कि कृषि कार्य अति जोखिम भरा कार्य है, जिसे जुआ भी कहा जाता है। मौसम पर कृषि की अति निर्भरता कृषकों को कृषि कार्य त्यागने को मजबूर करती है। कृषि कार्य के अत्यधिक जोखिम भरे स्वभाव के कारण ही इस देश में पिछले वर्षों में कृषकों द्वारा आत्महत्या किए जाने की घटनाओं में बेतहाशा वृद्धि देखने में आई है। इस देश की अर्थव्यवस्था की रीढ़ कहे जानेवाले कृषि कार्य की व कृषकों की अवहेलना हम सतत देखते रहे हैं। देश की पिछली पूर्ववर्ती सरकारों का कृषि विमुख स्वभाव ही रहा कि कृषि संदर्भ में प्रभावी व फलदाई नीतियों का निर्माण नहीं हो पाया। कृषि कार्य को जोखिम से बचाने का

जो सबसे आकर्षक व प्रभावी उपाय कृषि बीमा है, उसे पिछले दशकों में उपेक्षित रखा गया। कृषि बीमे का ढाँचा कुछ इस प्रकार का था कि किसानों से अधिक बीमा कंपनियाँ लाभ कमाती थीं। आश्चर्य है कि पिछले दशकों में कृषि बीमा की प्रीमियम दर 15 से लेकर 57% तक के उच्चतम स्तर पर टिकी रही है। साथ ही बीमे की शर्तों व नियमों का जाल इस प्रकार बुना जाता था कि कोई बिरला कृषक ही कृषि बीमे से मुआवजा प्राप्त कर पाता था। नरेंद्र मोदी सरकार 'प्रधानमंत्री कृषि बीमा योजना' में प्रीमियम की राशि को आश्चर्यजनक ढंग से घटाकर डेढ़ से ढाई प्रतिशत के निम्नतम स्तर पर ले आई है। बीमे के नियमों का सरलीकरण कर दिया गया है। यह भी उल्लेखनीय है कि केंद्र सरकार की कृषि नीति पं. दीनदयाल उपाध्याय के कृषि चिंतन से प्रेरित है। पं. दीनदयालजी ने 'अदैव मातृका कृषि' का प्रचलन बढ़ाने की बात कही थी अर्थात ऐसी कृषि, जो सिंचन हेतु प्रकृति अर्थात् दैव निर्भर न हो, अर्थात् सिंचाई परियोजनाओं का विस्तार फिर पं. दीनदयाल ने देशज प्रकृति, देशज पर्यावरण व देशज खपत के अनुरूप कृषि शैली अर्थात् परंपरा अपनाने पर जोर दिया था। आज हमारी कृषि पारंपरिक कृषि को छोड़ने के गंभीर परिणामों को झेल रही है। वित्त मंत्री अरुण जेटली ने इसी देशज कृषि की अवधारणा को ध्यान में रखकर पारंपरिक कृषि हेतु 400 करोड़ का बजट आवंटन किया है। कृषि स्वास्थ्य कार्ड, मृदा परीक्षण, बीजोपचार आदि की योजनाएँ भारतीय कृषि के मूल चरित्र की ओर लौटने का एक सुखद उपक्रम ही हैं।

यहाँ यह भी उल्लेखनीय है कि कृषि पर बजट का जो फोकस है, वह व्यवस्थागत परिवर्तन के बिना अर्द्ध प्रभावी ही रहेगा। अभी फसल की लागत को फसल के मूल्य से संबद्ध करने जैसा क्रांतिकारी कदम उठाया जाना बाकी है। उर्वरक, बीज, कृषि यंत्रों व कीटनाशक का मूल्य

व गुणवत्ता नियंत्रण एक बड़ा विषय है, जो छोटे-छोटे हाट बाजारों से भारतीय कृषि को आमूलचूल दुष्प्रभावित करता है। सब्सिडी भी कृषक के बैंक खाते में सीधे जाए, यह भी अभी किया जाना बाकी है। बहुत सी रियायतों व योजनाओं का लाभ केवल छोटी जोत के कृषकों को मिले, यह भी उचित नहीं है। बड़ी जोत के कृषकों को भी प्रोत्साहित करना जाना चाहिए। उदाहरणार्थ तालाब बनाने हेतु प्रोत्साहन यदि दो एकड़ के कृषक को मिलता है तो यह छोटे कृषक हेतु निरर्थक या अनुत्पादक सिद्ध होगी किंतु बीस-तीस एकड़ के भूस्वामी को यह तुरंत लाभप्रद स्थिति में ला खड़ा करेगी। वित्त मंत्री अरुण जेटली द्वारा 2022 तक कृषकों की आय को दोगुना करने का लक्ष्य लेना एक युगांतरकारी कार्य सिद्ध होगा। उन्होंने इस हेतु बजट में 36,000 करोड़ रुपए को संकल्पित किया है। कृषि ऋण बढ़ाकर नौ लाख करोड़ रुपए करना भी सुफलित करेगा। कृषि ऋण ब्याज छूट हेतु 15,000 करोड़ रुपए, नई फसल बीमा योजना हेतु 5,500 करोड़, दलहन उत्पादन प्रोत्साहन हेतु 500 करोड़ रु. का आवंटन नमो सरकार की महत्त्वाकांक्षी कृषि नीति का स्पष्ट परिचय है। मार्च 2017 तक सभी 14 करोड़ किसानों को मृदा स्वास्थ्य कार्ड प्रदान करने के लक्ष्य से दीर्घकालीन परिणामों का आह्वान होगा। अरुण जेटली ने अपने बजट भाषण में बहुत ही भावनात्मक बात को तथ्य आधारित करते हुए यह कहा कि भारतीय कृषक, जो संपूर्ण राष्ट्र को खाद्य सुरक्षा प्रदान कर रहा है, उसे हम आय सुरक्षा प्रदान करेंगे। सिंचाई के लिए 20 हजार करोड़, मनरेगा के द्वारा 5 लाख तालाब व कूपों के निर्माण, पाँच लाख एकड़ में जैविक कृषि का लक्ष्य, पशुधन संजीवनी योजना, प्रधानमंत्री कृषि सिंचाई योजना में 28.5 लाख हेक्ट. का लक्ष्य 89 सिंचाई योजनाओं में 86,500 करोड़ रुपए से तीव्र कार्य, नाबार्ड में 20,000 करोड़ की राशि से सिंचाई कोष, 14 अप्रैल अंबेडकर

जयंती को डिजिटल बाजार प्रारंभ होगा, ग्राम सड़क योजना हेतु 27,000 करोड़ रुपए का बजट आदि ऐसी घोषणाएँ हैं, जो भारतीय कृषि की उत्पादकता व उसके बाजार को एक सर्वथा नूतन रूप प्रदान करेंगी। सभी ग्रामों में 1 मई, 2018 तक बिजली पहुँचा देने की घोषणा तो पारस पत्थर योजना सिद्ध होगी।

❑

अटल नमो दृष्टि का परिणाम–ईरान चाबहार समझौता

इन दिनों अंतरराष्ट्रीय राजनीति व मंचों पर, विशेषत: अमेरिका, चीन, जापान, पाकिस्तान सहित समूचे एशिया में जिस शहर और जिस परियोजना का नाम बहुचर्चित है वह है चाबहार बंदरगाह परियोजना, चाबहार ईरान के बलूचिस्तान प्रदेश का एक छोटा सा मात्र एक लाख की जनसंख्यावाला एक बलूची नगर है।

चीन व पाकिस्तान के मध्य हुए ग्वादर बंदरगाह समझौते से लगभग दस वर्ष पूर्व भारतीय प्रधानमंत्री अटलबिहारी वाजपेयी ने खाड़ी स्थित ग्वादर व चाबहार बंदरगाह के सामरिक महत्त्व को दूरदृष्टि से समझ लिया था व ईरान के साथ चाबहार परियोजना समझौते के प्रारंभिक दस्तावेजों पर वर्ष 2003 में हस्ताक्षर भी कर दिए थे किंतु खेद और विडंबना कि बाद की कांग्रेसी मनमोहन सरकार ने दस वर्षों के कार्यकाल में इस ओर ध्यान ही नहीं दिया, फलस्वरूप यह योजना कागजों में डंप हो गई। वस्तुत: भारत द्वारा ईरान के साथ संबंधों को स्वतंत्रता के बाद ही विकसित करना प्रारंभ कर देना चाहिए था, यदि ऐसा हो जाता तो आज खाड़ी और समूचे एशिया में भारत की स्थिति कुछ और होती। उधर चीन की सामरिक दृष्टि पाकिस्तान के ग्वादर बंदरगाह पर गिद्ध की भाँति गड़ गई और वह बेहद तेजी से पाकिस्तान के साथ ग्वादर बंदरगाह को विकसित करने में लग गया।

वो तो भला हो नरेंद्र मोदी सरकार का कि उसने आते ही अटलबिहारी वाजपेयी के इस अधूरे स्वप्न पर कार्य प्रारंभ कर दिया और इस माह भारत व ईरान ने चाबहार बंदरगाह विकास परियोजना के द्विपक्षीय समझौते पर

हस्ताक्षर भी कर दिए हैं। इससे भारत के लिए पाकिस्तान जाए बिना ही समुद्री सड़क मार्ग से होते हुए अफगानिस्तान जाने का मार्ग खुल जाएगा। दिल्ली व तेहरान के मध्य हुए इस मित्रता के नए अध्याय को भारतीय प्रधानमंत्री नरेंद्र मोदी व ईरानी राष्ट्रपति हसन रूहानी ने लिखा। अब यह बेहद महत्त्वाकांक्षी व दूरदर्शी परियोजना तेजी से प्रारंभ होकर दिसंबर 2016 तक पूर्ण रूप से तैयार भी हो जाएगी। इस बंदरगाह में भारत प्रेरित विकास से खाड़ी क्षेत्र में भारत की उपस्थिति सुदृढ़ हो जाएगी और ईरान भी एक बड़ी बाजार शक्ति बनकर उभरेगा। चाबहार समझौते से चीन सकते में आ गया है क्योंकि उसे अब खाड़ी देशों में, भारत की मजबूत स्थिति का सामना करना पड़ेगा। यह बंदरगाह आर्थिक व सामरिक दृष्टि से भारत के लिए काफी महत्त्वपूर्ण है। समुद्री मार्ग से होते हुए भारत के व्यापारिक जहाज ईरान में दाखिल हो सकते हैं और इसके जरिए अफगानिस्तान तथा मध्य एशिया तक के बाजार भारत के व्यापारियों व निवेशकों के लिए खुल जाएँगे, यह और अधिक महत्त्वपूर्ण तब हो जाता है, जबकि पाकिस्तान ने अब तक सीधे-सीधे भारत के उत्पादों को अफगानिस्तान और उससे आगे जाने नहीं दिया है। दूसरी तरफ, चीन और पाकिस्तान के बीच एक करार किया गया है जिसके अंतर्गत चीन पाकिस्तान के दक्षिणी छोर पर ग्वादर बंदरगाह का निर्माण करेगा और यही चीन का एक बड़ा दाँव है। इससे उसे इस क्षेत्र में अपनी मौजूदगी दर्ज करवाने का बड़ा मौका मिल जाएगा और इसी दृष्टि से भारत के लिए चाबहार आवश्यक था। यह समझौता ईरान के लिए भी महत्त्वपूर्ण है क्योंकि ईरान पर अमेरिका ने प्रतिबंध लगा रखे हैं और ऐसे में भारत ने किसी के भी दबाव में आए बिना ईरान से राष्ट्रहित में समझौता कर दिखाया है, इससे ईरान को अंतराष्ट्रीय मंच पर मजबूती मिलेगी। उल्लेखनीय है कि अमेरिका द्वारा ईरान पर लगाए गए प्रतिबंधों के बाद भी भारत द्वारा ईरान से सतत तेल खरीदा जाता रहा है।

ईरान के साथ हुए इस चाबहार समझौते से अफगानिस्तान, जो कि भारत की दृष्टि से सुरक्षा, आर्थिक व सामरिक महत्त्व का देश है एवं

जिसके पास कोई भी सामुद्रिक सीमा नहीं है, से भारत का सीधा संबंध जुड़ जाएगा। इससे भी बढ़कर यह होगा कि पाकिस्तान पर अफगानिस्तान की निर्भरता समाप्त हो जाएगी, जिससे पाकिस्तान बौखला रहा है। भारत के पश्चिमी समुद्र तट से चाबहार की कम दूरी के चलते भारतीय सामग्री कम परिवहन लागत में इस क्षेत्र तक पहुँच सकेगी, साथ ही मध्य एशिया व हिंद महासागर के उत्तरी भाग के बाजारों के लिए भारत को एक ट्रांजिट हब भी उपलब्ध हो जाएगा। चीन के प्रभाववाले पाकिस्तानी बंदरगाह ग्वादर से चाबहार की दूरी मात्र साठ किमी. होने से भारत सामरिक स्थितियों में चीन के बराबर खड़ा हो सकेगा व साथ ही ईरान से तेल आयात की परिवहन लागत में पड़तल भी बैठा सकेगा। कराकोरम से कराची तक ईकोनॉमिक कॉरीडोर बनाने और ग्वादर बंदरगाह को विकसित कर खाड़ी और दक्षिण एशियाई देशों में अपनी सुदृढ़ भूमिका बढ़ाने की ओर अग्रसर हो गए चीन के लिए यह एक नई चुनौतीपूर्ण स्थिति है।

दक्षिण ईरान के चाबहार बंदरगाह के जरिए भारत पाकिस्तान को बाइपास कर मध्य एशिया तक पहुँच सकेगा। भारत के कजाखस्तान, तुर्कमेनिस्तान जैसे देशों से मजबूत संबंध हैं। भारत चाहता है कि मध्य एशिया से पाइप लाइन के जरिए तेल और गैस भारत तक आए। लेकिन पाइपलाइन शुल्क और उसकी सुरक्षा को लेकर पाकिस्तान की ओर से भरोसेमंद आश्वासन नहीं मिला है। ऐसे में अगर पाइपलाइन पूरी नहीं हुई तो भी भारत चाबहार तक ईंधन ला सकता है। वहाँ से आगे जहाजों के जरिए ईंधन भारत पहुँच सकता है। पाकिस्तान को एक बड़ा आकर्षण यह भी रहा है कि मध्य एशिया से भारत जानेवाली प्रत्येक वस्तु पाकिस्तान से होकर गुजरे और उसे राजस्व मिलता रहे, पर अब चाबहार समझौते के बाद इसलामाबाद को यह राजस्व हानि झेलनी होगी।

यद्यपि चाबहार के मार्ग में खतरे अब भी बहुत हैं। ईरान पर कई प्रकार के प्रतिबंध लगाकर बैठा अमेरिकी प्रशासन और सीनेट इस समझौते को अपनी दृष्टि से जाँच रहे हैं। इस समझौते से भारत व ईरान को मिल

रही वैश्विक व सामरिक दृष्टि से बड़ी बढ़त से खाड़ी में अमेरिका सहित कई देश सतर्क हो गए हैं। भारत-ईरान के इस समझौते से अमेरिका स्वाभाविक ही चिंतित हो गया है। अमेरिकी सीनेट में चाबहार को लेकर सीनेटर व अमेरिकी प्रशासन चिंता व्यक्त कर रहे हैं, प्रश्न कर रहे हैं। अमेरिका को न केवल ईरान पर लगाए गए अंतरराष्ट्रीय प्रतिबंधों की चिंता है बल्कि वह इस समझौते से भारत को मिली सामरिक बढ़त से भी सकते में है और इस पूरे मामले को महीन दृष्टि से जाँच रहे हैं। भारतीय मूल की अमेरिकी विदेश मंत्रालय की अधिकारी व मध्य एशिया मामलों की प्रभारी सचिव निशा देसाई बिस्वाल ने अमेरिका के ईरान पर लगाए प्रतिबंधों को स्पष्ट किया और कहा कि वे इन प्रतिबंधों के चश्मे से ही चाबहार समझौते की जाँच सतत कर रही हैं। यहाँ यह भी उल्लेखनीय है कि चाबहार बंदरगाह को विकसित करने में अमेरिका की रुचि भी समय-समय पर प्रदर्शित होती रही है।

पाकिस्तान पर अफगानिस्तान की निर्भरता समाप्त होने से व भारत-ईरान-अफगानिस्तान की दूरी अपेक्षाकृत सर्वाधिक कम होने से पाकिस्तान व चीन का घबराना व चाबहार परियोजना में अड़ंगे लगाना या स्वयं भी इसमें सम्मिलित होने का प्रयास करना स्वाभाविक भी है और वह कर भी रहा है। यही कारण है कि पाकिस्तान स्थित ईरानी राजदूत मेहदी हुनर ने कहा कि भारत व ईरान के मध्य चाबहार समझौता अभी पूर्ण नहीं हुआ है और अभी इसमें और भी देश सम्मिलित हो सकते हैं और देशों के सम्मिलित होने के द्वार खुले होने की बात पूरी तरह से भारत के हित में नहीं है। तेहरान की तरफ से सफाई दी गई है कि चाबहार को ग्वादर के प्रतिद्वंद्वी के तौर विकसित नहीं किया जा रहा है। यद्यपि भारत के पचास करोड़ डॉलर का निवेश ईरान हेतु एक बड़ा आकर्षण है तथापि इसलामाबाद व बीजिंग दोनों को संतुलित करने को आतुर ईरान के इस बयान से भारत को चिंतित व चैतन्य हो जाना चाहिए।

❑

नमो सरकार के संसदीय कौशल्य का प्रतिफल जीएसटी

आर्थिक सुधारों को लागू करना एक राजनैतिक दुस्साहस भरा कार्य माना जाता है और जीएसटी का विश्व भर का जो इतिहास रहा है, उस दृष्टि से तो जीएसटी को लागू करना अत्यंत दुस्साहस भरा कार्य है। जीएसटी लागू है, ऐसे विश्व भर के लगभग 160 देशों का इतिहास रहा है कि जहाँ यह टैक्स लागू हुआ वहाँ महँगाई बढ़ी और महँगाई के फलस्वरूप इसे लागू करनेवाला सत्तारूढ़ दल चुनावों में महँगाई के मुद्दे पर चुनाव हार गया। जीएसटी के ऐसे इतिहास के बाद भी यदि कोई सरकार इस बिल को पास कराने हेतु प्रतिबद्ध होती है तो इसे उसका राष्ट्र के प्रति समर्पण व आर्थिक विकास के प्रति दृढ़ दृष्टिकोण का द्योतक माना जाना चाहिए।

देश में जीएसटी के लागू होने से हर सामान और हर सेवा पर सिर्फ एक टैक्स लगेगा यानी वैट, एक्साइज और सर्विस टैक्स की जगह अब एक ही टैक्स लगेगा। आम भारतीय नागरिक को जीएसटी से सबसे बड़ा फायदा यह होगा कि उसे पूरे देश में सामान पर एक ही टैक्स चुकाना होगा। यानी पूरे देश में किसी भी सामान की कीमत एक ही रहेगी। वर्तमान में वस्तुओं पर भिन्न-भिन्न प्रकार के टैक्स लगते हैं। अब इसके लागू होते ही केंद्र को मिलनेवाली एक्साइज ड्यूटी, सर्विस टैक्स सब

खत्म हो जाएँगे, राज्यों को मिलनेवाला वैट, मनोरंजन कर, लक्जरी टैक्स, लॉटरी टैक्स, एंट्री टैक्स, चुंगी आदि समाप्त हो जाएँगे। जीएसटी के लागू होने से टैक्स संरचना में सुधार होगा। टैक्स भरना आसान हो जाएगा और टैक्स चोरी रुक जाएगी, किसी भी वस्तु पर लगनेवाला कर एक सा रहेगा। इसका सीधा असर देश की जीडीपी पर पड़ेगा और देश की अर्थव्यवस्था सुधरेगी। इस बिल के पास होने से राज्यों को यह डर था कि जीएसटी लागू हुआ तो उनकी कमाई कम हो जाएगी। विशेषत: पेट्रोल-डीजल से राजस्व कम होने से कई राज्य संकट में आ जाते हैं। इस परिस्थिति से राज्यों को निकालने हेतु केंद्र ने राज्यों को राहत दे दी कि इन वस्तुओं पर अभी जो टैक्स राज्य ले रहे हैं, वो शुरुआती बरसों में लेते रहेंगे, राज्यों को जो राजस्व हानि होगी उसकी प्रतिपूर्ति पाँच साल तक केंद्र करेगा। जीएसटी से जो टैक्स मिलेगा, वह भी केंद्र और राज्य में तय रीति-नीति से वितरित होगा। अब देश भर में केवल तीन प्रकार के टैक्स रहेंगे—सेंट्रल गुड्स एंड सर्विसेज टैक्स यानी सीजीएसटी, स्टेट गुड्स एंड सर्विसेज टैक्स यानी एसजीएसटी, इंटीग्रेटेड गुड्स एंड सर्विसेज टैक्स यानी आईजीएसटी। शराब पूरी तरह से जीएसटी से बाहर रहेगी, यानी इस पर टैक्स लगाने के लिए राज्य सरकारें स्वतंत्र होंगी।

आर्थिक सुधारों का जो क्रम 25 साल पहले तत्कालीन प्रधानमंत्री पी.वी. नरसिम्हा राव ने चालू किया था, उसी क्रम में देश में जीएसटी को आज से लगभग 20 वर्ष पूर्व ही लागू हो जाना चाहिए था। इसी क्रम में देश की एन.डी.ए. सरकार के पूर्व प्रधानमंत्री अटलबिहारी वाजपेयी ने आज से सोलह वर्ष पूर्व वर्ष 2000 में जीएसटी बिल को लोकसभा में प्रस्तुत कर आर्थिक सुधारों की अगली पीठिका की स्थापना कर दी थी। यद्यपि उस समय की अटल सरकार अल्पमत व राजनैतिक दाँव-पेच के चलते इस बिल को पास नहीं करा पाई थी तथापि अब नमो सरकार ने अटल सरकार के उस अधूरे कार्य को पूर्ण कर दिया है। आज विश्व

के 160 से अधिक देशों में जीएसटी लागू है, किंतु भारत में जीएसटी पर राजनीति भारी पड़ती रही, जिसके फलस्वरूप इस महत्त्वाकांक्षी टैक्स को भारत में लागू होने की प्रक्रिया को 20 से अधिक वर्ष प्रतीक्षा करनी पड़ी। यूपीए सरकार के तत्कालीन वित्तमंत्री पी. चिदंबरम द्वारा फरवरी 2007 में शुरुआत करते हुए मई 2007 में जीएसटी के लिए राज्यों के वित्तमंत्रियों की संयुक्त समिति का गठन कर वर्ष 2010 से इसके लागू करने की घोषणा की गई, क्योंकि जीएसटी से राज्यों के अर्थतंत्र पर व्यापक प्रभाव पड़ेगा, इसलिए इस बिंदु पर 13वें वित्त आयोग द्वारा गठित कार्यदल ने दिसंबर 2009 तथा 14वें वित्त आयोग ने फरवरी 2015 में जीएसटी पर अपनी विस्तृत रिपोर्ट सौंप दी थी। राज्यों के मध्य विरोधाभास होने पर अप्रैल 2010 से कांग्रेस सरकार इसे लागू कराने में विफल रही। तत्कालीन कांग्रेस सरकार द्वारा मार्च 2011 में 115वाँ संविधान संशोधन विधेयक पेश किया गया, जो पारित नहीं हो सका। भाजपा की नरेंद्र मोदी सरकार ने जीएसटी को अपने आर्थिक सुधारों का केंद्रबिंदु बताया तथा 122वाँ संविधान संशोधन विधेयक (अनुछेद 246, 248 एवं 268 इत्यादि में संशोधन) दिसंबर 2014 में संसद में पेश किया, जिसे लोकसभा द्वारा मई 2015 में पारित कर दिया गया था। किंतु राज्यसभा में एन.डी.ए. के अल्पमत में होने के चलते व राष्ट्रीय हितों के मुद्दों पर भी विपक्ष के रचनात्मक नहीं होने के कारण राज्यसभा में इस बिल का भविष्य उज्ज्वल नहीं दिख रहा था। यह नरेंद्र मोदी सरकार व विशेषत: वित्त मंत्री अरुण जेटली के संसदीय कौशल्य का परिणाम ही है कि, लोकसभा के बाद, इस बिल को 3 अगस्त, 2016 को राज्यसभा में भी संपूर्ण उपस्थित सदस्यों के एकतरफा समर्थन से ऐतिहासिक सफलता मिली और यह पारित हुआ। नियमों के अनुसार संविधान संशोधन बिल पास होने के बाद सरकार को असल जीएसटी बिल पेश करना होगा। लेकिन अगर सरकार उस बिल को मनी बिल के

रूप में लाने का फैसला करती है, तो फिर बिल को राज्यसभा से पास कराने की बाध्यता नहीं होगी। इस मुद्दे पर कांग्रेस ने पक्ष रखा है कि भाजपा इस बिल को मनी बिल के रूप में पास नहीं कराएगी। यद्यपि संशोधन बिल पर बहस के दौरान कांग्रेस का पक्ष रखते हुए पूर्व वित्तमंत्री पी. चिदंबरम ने भाजपा सरकार से यह आश्वासन माँगा है कि संविधान संशोधन बिल पास होने के बाद सरकार मूल जीएसटी बिल को पिछले दरवाजे से पास नहीं कराएगी तथापि यह स्पष्ट ही है कि कांग्रेस का यह समर्थन उसकी मजबूरी भी है और चुनावी दाँव भी। मजबूरी यह कि यदि वह समर्थन नहीं करती तो देश के आर्थिक विकास में अड़ंगा बनने वाला राजनैतिक दल कहलाती और चुनावी दाँव यह कि इस बिल के पास होने के बाद प्रारंभिक वर्षों में महँगाई अपना मुँह फाड़ेगी, जिसे कांग्रेस अपना चुनावी मुद्दा बनाएगी, किंतु जीएसटी पर संविधान संशोधन बिल संसद से पारित करा लेने भर से ही चुनौतियाँ खत्म नहीं होतीं, वस्तुतः चुनौती तो संसद से बिल पारित होने के बाद प्रारंभ होती है। इस चुनौती के अंतर्गत अभी इसे 18 राज्यों की विधानसभा में पास होना होगा, जो कि वर्तमान राजनैतिक परिदृश्य में आसान सा कार्य है। वस्तुतः इस बिल को कांग्रेस का समर्थन भी इन राज्यों वाले पेच से ही संभव हुआ है क्योंकि कांग्रेस अब केवल छह राज्यों में ही सत्तारूढ़ है; वहीं भाजपा 8 राज्यों में अकेले और 6 में गठबंधन के साथ सत्तारूढ़ है। बाकी के 9 राज्यों में ओडिशा, पश्चिम बंगाल, उत्तर प्रदेश समेत कई राज्य जीएसटी के पक्ष में हैं। अर्थात् 16 राज्यों का समर्थन आसानी से मिल जएगा और संविधान संशोधन कानून बन जाएगा।

❑

महात्मा गांधी की हत्या : संघ और राहुल

गांधीजी की हत्या और राष्ट्रीय स्वयंसेवक विषय पर पर्याप्त से अधिक बहस इस देश में हो चुकी है। संघ की इस घृणित कार्य में कणमात्र भी संलिप्तता न होने पर भी पर्याप्त से अधिक प्रकाश स्थापित जननायकों द्वारा, आयोगों, कमिशनों व स्वयं न्यायालयों द्वारा डाला जा चुका है। गांधीजी की हत्या के पश्चात् के प्रत्येक दशक में दो-चार बार गोएबल्स थियरी के ठेकेदारों ने ये प्रयास सतत किए हैं कि गांधीजी की हत्या को संघ के मत्थे मढ़ दिया जाए, जिसमें वे हर बार असफल रहे हैं। अब हाल ही में ऐसा उल्लेखनीय किंतु कुत्सित प्रयास राजकुमार राहुल गांधी ने भी किया था। राहुल गांधी ने थाणे जिले के सोनाले में आयोजित चुनावी सभा में राष्ट्रीय स्वयंसेवक संघ को गांधीजी का हत्यारा बताया था।

हाल ही में राहुल गांधी के इस कथन के विरुद्ध चल रहे मानहानि के प्रकरण में उच्चतम न्यायालय ने राहुल गांधी को चेतावनी देते हुए कहा है कि राहुल गांधी इस मामले में क्षमा माँगें या फिर मुकदमे का सामना करें। उच्चतम न्यायालय ने राहुल गांधी के भाषण पर सवाल उठाए और आश्चर्य व्यक्त करते हुए कहा कि 'उन्होंने गलत ऐतिहासिक

तथ्य का उल्लेख करते हुए भाषण क्यों दिया? राहुल गांधी को इस तरह एक संगठन की सार्वजनिक रूप से निंदा नहीं करनी चाहिए थी।' संघ के साथ कांग्रेस का विद्वेष, विरोध, झूठ भरा रवैया सदैव से ही रहा है। कांग्रेस का यह रवैया ही राहुल के कथन में भी उभरा किंतु अब लगता है कि उच्चतम न्यायालय के इस निर्णय के बाद अब राहुल गांधी माफी माँगें या मुकदमे का सामना करें, दोनों ही परिस्थितियों में 'संघ और गांधी हत्या' इस घनघोर मिथक पर निर्णायक राष्ट्रीय वातावरण बनाने में मदद तो मिलेगी ही। राहुल गांधी भली-भाँति समझते हैं कि गांधीजी की हत्या नाथूराम गोडसे ने की थी और इसके लिए ठोस एवं पर्याप्त राजनैतिक, ऐतिहासिक, न्यायालयीन तथ्य सर्वसुलभ हैं, फिर भी राहुल गांधी संभवत: अब भी यह नहीं समझ पाए हैं कि गांधीजी की हत्या नाथूराम गोडसे ने की थी, संघ ने नहीं। अब राहुल गांधी को और उनके साथ इस मिथक पर चर्चा करनेवाले सभी लोगों को इसके लिए न्यायालय के दिए निर्णय को अपनी मानसिकता का आधार बनाना होगा। न्यायालय ने कहा है कि गोडसे ने गांधी को मारा और संघ या संघ के लोगों ने गांधी को मारा, इन दोनों कथनों में बहुत बड़ा अंतर है। लेकिन यह भी उतना ही सच है कि नाथूराम गोडसे संघ की विचारधारा के साथ संतुलन नहीं बैठा सका। गोडसे संघ को कट्टर हिंदूवादी संगठन समझकर उससे जुड़ा था, किंतु बाद के वर्षों में संघ के विषय में गोडसे की सोच बदलने लगी और तब गोडसे न केवल संघ से अलग हुआ बल्कि एक हद तक संघ का मुखर विरोधी भी बना।

हिंदूवादी विषयों में नाथूराम गोडसे अतिवादी था जबकि संघ व्यापक राष्ट्रीय दृष्टिकोण रखकर हिंदूवादी विषयों को धैर्यपूर्वक आगे बढ़ाने में विश्वास रखता था। यही कारण था कि गोडसे के समाचार-पत्र 'हिंदू राष्ट्र' में संघ विरोधी आलेख प्रकाशित होते रहते थे। गोडसे ने

संघ की आलोचना करते हुए सावरकर को पत्र भी लिखा था जिसमें उसने संघ को हिंदू युवाओं की शक्ति को बर्बाद करनेवाला संगठन बताया था। ऐतिहासिक तथ्यों से स्थापित सत्य है कि प्रारंभ में संघ से प्रभावित रहा गोडसे बाद के वर्षों में संघ का घोर और मुखर विरोधी बन गया था। गांधीजी की हत्या के समय केंद्रीय गृह सचिव रहे आर.एन. बनर्जी भी गोडसे के संदर्भ में यही राय रखते थे। गांधीजी की हत्या के लिए गठित कपूर आयोग के समक्ष दी गई गवाही में आर. एन. बनर्जी ने कई सारे तथ्यों के साथ इस बात को सशक्त रूप से व्यक्त किया था। बनर्जी ने यह भी कहा था कि गांधीजी के हत्यारे संघ की गतिविधियों से असंतुष्ट रहनेवाले लोग थे, आर.एस.एस. प्रारंभ से ही खेलकूद, शारीरिक व्यायाम के पुट के साथ राष्ट्रवाद को आगे बढ़ाता रहा है जबकि नाथूराम गोडसे इसे व्यर्थ बताता था और वह अधिक उग्र और हिंसक गतिविधियों में विश्वास रखता था। (कपूर आयोग रिपोर्ट, खंड 1, पृष्ठ 164)

यह अवश्य सत्य है कि नाथूराम गोडसे और उसके साथियों ने त्वरित आवेश व क्रोध में नहीं अपितु जान-बूझकर, षड्यंत्रपूर्वक और चित्तलीन होकर गांधीजी की हत्या की थी। गांधीजी की हत्या के प्रकरण में न्यायालय में दोषियों ने इसका व्यवस्थित जवाब भी दिया है, जो कि एक अलग और व्यापक विमर्श का विषय है।

महत्त्वपूर्ण तथ्य यही लगता है कि गांधीजी की हत्या के दोषियों के मन में इस बात का तात्कालिक क्रोध था कि मुसलमानों ने भारत का विभाजन करवाया, फिर भी मुसलमानों, उनके संगठन मुसलिम लीग तथा पाकिस्तान के प्रति गांधीजी ने अतीव व अतर्कसंगत रूप से नरम रुख अपनाया था। गांधीजी के हत्यारे गांधीजी के उस कार्य को राष्ट्रद्रोह मानते थे जिसमें गांधीजी ने पाकिस्तान को 55 करोड़ रु. का मुआवजा देने की जिद की थी और नहीं देने पर अनशन करने की

धमकी तक दे दी थी। उस समय के राजनैतिक हालातों में, जिसमें पाकिस्तान हिंदुओं की लाशों से भरी रेलगाड़ियाँ भारत भेज चुका था, पाक में रहनेवाले हिंदुओं पर सतत दुर्दांत अत्याचार हो रहे थे, पाकिस्तान कश्मीर पर हमला कर रहा था, तब पाकिस्तान को 55 करोड़ देने की गांधीजी की जिद और न देने पर अनशन की धमकी—ये सब कुछ हत्यारों की उत्तेजना का कारण बना था। एक सुविचारित षड्यंत्र, विद्वेष व राजनैतिक विरोध के चलते आर.एस.एस. का नाम गांधीजी की हत्या के मामले में समय-समय पर लिया जाने लगा।

यद्यपि देश की जनता ने इस झूठ पर कभी भी विश्वास नहीं किया व संघ के हिंदू राष्ट्रवाद को इसीलिए समय के साथ भारतीय जनता का प्रतिसाद सतत निरंतर बढ़ता गया। गांधीजी की हत्या के पश्चात् जो प्राथमिकी एफ.आई.आर. तुगलक रोड थाने में दर्ज कराई गई, वह भी संघ के इस कांड से कोई संबंध न होने को प्रमाणित करती है। यद्यपि इस एफ.आई.आर. 68, 30.01.48 में राष्ट्रीय स्वयंसेवक संघ का कहीं कोई जिक्र नहीं है तथापि प्रधानमंत्री नेहरू से लेकर इंदिरा गांधी व अब राहुल गांधी तक परंपरागत रूप से गांधी हत्या में आर.एस.एस. का नाम लेते रहे हैं। इंदिरा गांधी ने भी वर्ष 1965 में गांधीजी की हत्या में संघ की भूमिका साफ होती देखकर पुनः षड्यंत्रपूर्वक जीवनलाल कपूर की अध्यक्षता में एक आयोग का गठन किया। इस आयोग के गठन के पीछे संघ के प्रति दुर्भावना ही काम कर रही थी। कपूर आयोग ने 101 साक्ष्यों के की हत्या को लेकर विद्वेषपूर्वक घेरते रही। संघ के लोगों को इन कांग्रेसी और वामपंथी नेताओं द्वारा समय-समय पर अनर्गल भाषणों से सामाजिक प्रताड़ना भी सतत दी जाती रही। गांधीजी की हत्या के तुरंत बाद देश भर में संघ के लोगों पर छापे पड़े, गिरफ्तारियाँ भी हुई। तत्कालीन गृहमंत्री वल्लभभाई पटेल संघ के संदर्भ में निरंतर चैतन्य बने रहे और संघ के लोगों पर पड़नेवाले छापों गिरफ्तारियों और

उसके परिणामों व संघ के लोगों की गांधीजी की हत्या में संलिप्तता का गहन अध्ययन करते रहे।

व्यापक छानबीन व जाँच के बाद वल्लभभाई पटेल को यह तथ्य तरह से स्पष्ट होने लगा कि गांधीजी की हत्या में संघ की कोई भूमिका नहीं है। इसका संघ से कोई वास्ता नहीं है। सरदार पटेल के इस निर्णय पर पहुँचने व इस संघ के नितांत असंलिप्त रहने के तथ्य को मंचों से बोलने से नेहरू वल्लभभाई से नाराज हुए और उनको इस संदर्भ में एक पत्र भी लिखा। नेहरू ने अपने पत्र में आरोप भी लगाया कि दिल्ली पुलिस और उसके अधिकारी संघ से सहानुभूति का भाव रखते हैं। अत: संघ के लोग गिरफ्तार नहीं हो पा रहे हैं। जवाहरलाल नेहरू के इस पत्र के उत्तर में सरदार पटेल ने 27.02.48 को प्रधानमंत्री नेहरू को जो पत्र लिखा, वह अत्यंत महत्त्वपूर्ण है। पत्र में पटेल ने नेहरू को लिखा कि गांधीजी की हत्या के संबंध में चल रही काररवाई से मैं पूरी तरह अवगत रहता हूँ। सभी अभियुक्त पकड़े गए हैं तथा बयान हो गए हैं। उनके बयानों से स्पष्ट है कि यह षड्यंत्र दिल्ली में नहीं रचा गया। दिल्ली का कोई भी व्यक्ति षड्यंत्र में शामिल नहीं है। षड्यंत्र के केंद्र बंबई, पूना, अहमदनगर तथा ग्वालियर रहे हैं। यह बात भी असंदिग्ध रूप से उभरकर सामने आई है कि राष्ट्रीय स्वयंसेवक संघ इससे कतई संबद्ध नहीं है। यह षड्यंत्र हिंदू सभा के एक कट्टरपंथी समूह ने रचा था। यह भी स्पष्ट हो गया है कि मात्र 10 लोगों द्वारा रचा गया यह षड्यंत्र था और उन्होंने ही इसे पूरा किया। इनमें से दो को छोड़ सब पकड़े जा चुके हैं। इस महत्त्वपूर्ण पत्राचार से स्पष्ट होता है कि सब कुछ स्पष्ट होने के बाद भी कांग्रेसी और कुछ पिछलग्गू वामपंथी किस प्रकार दुर्भावना से ग्रस्त होकर संघ को गांधी हत्या के मामले में अनावश्यक रूप से घसीटते रहे हैं।

अब हाल ही के घटनाक्रम में जबकि राहुल गांधी को सर्वोच्च

न्यायालय ने राष्ट्रीय स्वयंसेवक संघ से क्षमा माँगने या मुकदमे का सामना करने का आदेश दिया है, तब उन्हें कांग्रेस के पूर्व अध्यक्ष सीताराम केसरी का स्मरण अवश्य करना चाहिए क्योंकि वे भी संघ पर अनर्गल आरोप लगाने व क्षमा माँगने का उपक्रम कर चुके हैं।

❑

गौसेवा में बढ़ेगी जवाबदेही, संवेदना व पवित्रता

इस देश के शीर्ष पुरुष गाय पर कोई पहली बार नहीं बोले हैं। हिंदू शासक तो गाय के विषय में संवेदनशील रहे ही हैं, मुगल भी मजबूरी में गौरक्षा को लेकर सचेत रहे हैं। बाबर ने अपने पुत्र हुमायूँ को लिखा था कि उसके राज्य में कभी गौहत्या न होने पाए, अबुल फजल ने 'आईने अकबरी' में गौमांस पर प्रतिबंध की घोषणा का उल्लेख किया है। अपने यात्रा संस्मरण में बर्नियर ने लिखा है कि जहाँगीर के शासन में गौवध पर पूर्ण प्रतिबंध था, सर्वोच्च न्यायालय के एक निर्णय में उल्लेख है कि 18वीं शताब्दी में हैदर अली के शासन में गौवध करनेवाले के हाथ काट दिए जाने के आदेश थे। वल्लभभाई पटेल, वीर सावरकर, चंद्रशेखर आजाद, बाल गंगाधरतिलक, मदनमोहन मालवीय, गोपाल कृष्ण गोखले, लाला लाजपतराय से लेकर महात्मा गांधी तक व अन्य अनेको शीर्ष नेता गौहत्या के विरोध में आह्वान कर चुके हैं। इस प्रकार इस देश में शीर्ष राजनीतिज्ञों का गौ-बोध सदैव जाग्रत् दिखता रहा है, किंतु फिर भी इस देश में गौवंश समाप्ति की ओर बढ़ रहा है तो इसकी चिंता अब निर्णायक रूप से करनी ही होगी। यदि नरेंद्र मोदी गौवध पर उस निर्णायक चिंता के अंश के रूप में बोले हैं तो वे बड़े ही पुण्यशाली प्रधानमंत्री सिद्ध होंगे।

पिछले एक वर्ष में देश में गाय के नाम पर राजनीति के बहुतेरे प्रयास हुए हैं। गाय के नाम पर पूरे देश में वातावरण बनाने और बिगाड़ने के इन प्रयत्नों-दुष्प्रयत्नों के मध्य प्रधानमंत्री नरेंद्र मोदी की चुप्पी पर भी सैकड़ों प्रश्न उठे। नरेंद्र मोदी से बार-बार गौरक्षा के मुद्दे पर वक्तव्य देने के आह्वान भी बहुतेरे उठे, इस बीच बहुतेरे प्रयास ऐसे भी देखने में आए जब अपराधी तत्त्वों ने गौरक्षा के नाम पर सरकार को घेरने के लिए गौरक्षक बनकर समाज में विद्वेष फैलाने का काम किया (वे इस काम को और बड़े पैमाने पर करते, इसकी बड़ी आशंका थी), अब पहली बार जब नरेंद्र मोदी गौरक्षा पर कुछ बोले हैं तो बहुत ही गजब का बोले हैं और पूरे देश को भौचक्का कर गए हैं। प्रधानमंत्री ने जनता से सीधे संवाद करते हुए गौरक्षा और गाय पर जो कहा, वह एक नया अध्याय लिखनेवाला वक्तव्य है। यद्यपि प्रधानमंत्री का समूचा वक्तव्य गौरक्षा के रचनात्मक उपाय न सुझाने व सच्चे गौसेवक को बदनामी से बचाने के विषय में चुप्पा सा है, जो कि गलत है तथापि इस वक्तव्य से एक नया मार्ग खुलता सा दिखता है। नरेंद्र मोदी और उनके तुरंत बाद राष्ट्रीय स्वयंसेवक संघ में पद की दृष्टि से नंबर दो की स्थितिवाले भैयाजी जोशी के वक्तव्य आने को हमें सहजता से या हल्के-फुल्के में नहीं लेना चाहिए! यह एक बड़ी महत्त्वाकांक्षी, विस्तृत, संवेदनशील व रचनात्मक पहल का प्रारंभ है। प्रधानमंत्री ने एक प्रश्न के उत्तर में कहा कि इन दिनों कई लोगों ने गौरक्षा के नाम पर दुकानें खोल रखी हैं, मुझे गुस्सा आता है इन्हें देखकर। कुछ लोग जो पूरी रात एंटी सोशल एक्टिविटी करते हैं लेकिन दिन में वे गौरक्षक का चोला पहन लेते हैं। मैं राज्य सरकारों से अनुरोध करता हूँ कि ऐसे जो स्वंयसेवी निकले हैं, उनका डोजियर तैयार करें, इनमें से 70-80 फीसदी एंटी सोशल एलिमेंट निकलेंगे। मोदी ने आगे यह भी कहा कि अगर सचमुच में वो गौरक्षक हैं तो वे प्लास्टिक फेंकना बंद करवा दें। गायों का प्लास्टिक खाना

रुकवा दें तो ये सच्ची गौसेवा होगी क्योंकि कत्ल से नहीं बल्कि सबसे ज्यादा गायें प्लास्टिक खाने की वजह से मरती हैं। मोदी ने कहा कि स्वयंसेवा दूसरों को कष्ट देकर नहीं होती, वह तो करुणा से होती है।

प्रश्न यह है कि मोदी ने यह सब क्यों कहा? इस बात को कहने के लिए सचमुच ही 56 इंच का सीना चाहिए था क्योंकि जिन समर्थकों और हिंदू संगठनों के बल पर वे लोकसभा में स्पष्ट बहुमत लेकर आए हैं, उन समर्थकों में मोदी के इस बयान से हड़कंप मचना व नाराजगी की लहर उपजना अवश्यंभावी था। नरेंद्र मोदी के बयान पर हिंदू संगठनों से नाराजगी का ज्वार उठता, उसके पूर्व ही बेहद सधे हुए स्वर में राष्ट्रीय स्वयंसेवक संघ के सरकार्यवाह भैयाजी जोशी ने एक विस्तृत वक्तव्य जारी करके नरेंद्र मोदी की बात का समर्थन कर दिया। आर.एस.एस. के सरकार्यवाह भैयाजी जोशी ने वक्तव्य जारी कर कहा कि समाज के कुछ असामाजिक तत्त्वों के द्वारा गौरक्षा के नाम पर कुछ स्थानों पर कानून अपने हाथ में लेकर एवं हिंसा फैलाकर समाज का सौहार्द दूषित करने के प्रयास किए जा रहे हैं। इससे गौरक्षा एवं गौसेवा के पवित्र कार्य के प्रति आशंकाएँ उठ सकती हैं। राष्ट्रीय स्वयंसेवक संघ देशवासियों से आह्वान करता है कि गौरक्षा के नाम पर कुछ मुट्ठी भर अवसरवादी लोगों के ऐसे निंदनीय प्रयासों को, गौरक्षा के पवित्र कार्य में लगे देशवासियों से न जोड़ें और उनका असली चेहरा सामने लाएँ। राज्य सरकारों से भी हम आह्वान करते हैं कि ऐसे तत्त्वों पर उचित कानूनी काररवाई करें तथा गौरक्षा एवं गौसेवा के सच्चे कार्य को बाधित न होने दें। भैयाजी जोशी ने स्पष्ट करते हुए करते हुए कहा कि भारत एक कृषि प्रधान देश है और भारतीय गौ सदैव देश की कृषि का आधार रही है। रासायनिक खाद एवं कीटनाशकों के बेतहाशा प्रयोग से जब सारा विश्व पीड़ित है तब गौ आधारित आर्गेनिक कृषि का महत्त्व और भी बढ़ जाता है, इसलिए गौसेवा और गौरक्षा के संबंध में हिंदू

समाज तथा अन्य समाज के बंधुओं की श्रद्धा एक महत्त्वपूर्ण पक्ष है।

वस्तुत: भारत में वर्तमान दौर के गौरक्षा आंदोलन को आर.एस.एस., विश्व हिंदू परिषद् और भाजपा ने ही परवान चढ़ाया है। मोदी के नेतृत्व में भाजपा के केंद्र में सत्तारूढ़ होने के पूर्व के एक दशक में भाजपा को कुछ राज्यों, विशेषत:—मध्यप्रदेश, राजस्थान, छत्तीसगढ़ में गौरक्षा के नाम पर अपने ही कार्यकर्ताओं से दो-चार होने के विस्तृत अनुभव मिल चुके थे। इन हिंदीभाषी भाजपा शासित राज्यों में पिछले दशक में विहिप, भाजपा और संघ के कार्यकर्ता गौरक्षा के नाम पर कई गंभीर और महत्त्वाकांक्षी और गंभीर प्रकल्प तैयार करने में भी सफल रहे हैं यद्यपि अनुशासित कार्यकर्ताओं की एक बड़ी फौज के बल पर संघ, विहिप और भाजपा कार्यकर्ता गौरक्षा को एक सामाजिक आंदोलन की दिशा देने में सफलता के समीप पहुँचे तथापि इस बात को भी स्वीकार करना ही होगा कि फर्जी गौरक्षकों की एक भारी-भरकम समानांतर भीड़ भी उपज गई, जिसकी तरफ प्रधानमंत्री और भैयाजी जोशी ने अपने वक्तव्य में संकेत किया है। प्राणपण से गौरक्षा का कार्य करनेवाले अनेक व्यक्तियों, समूहों, संस्थाओं व प्रकल्पों की प्रतिष्ठा को इन फर्जी गोरखधंधेवालों ने हानि पहुँचाई है। भोले-भाले अनेक गौसेवकों को भी संदेह की दृष्टि से देखे जाने का जो क्रम समाज में हाल ही में चल पड़ा, वह अत्यंत घातक था। मैं स्वयं लंबे समय से विश्व हिंदू परिषद् का एक दायित्ववान कार्यकर्ता रहा हूँ व अपने कार्यकाल में मैंने अनेक अवसरों पर समाज बंधुओं के समक्ष फर्जी गौरक्षा के नाम पर होनेवाली चर्चा में स्वयं को निरुत्तर रहने को मजबूर पाया है। मुझे स्मरण है कि किस प्रकार फर्जी गौरक्षकों के नाम पर विहिप और बजरंग दल के सच्चे, समर्पित व लगनशील कार्यकर्ताओं को भी संदेह की दृष्टि झेलने को मजबूर होना पड़ता था। आर.एस.एस. और नरेंद्र मोदी के एक ही समय में गौरक्षा के नाम पर बड़े वक्तव्यों के आ जाने से गौसेवा के क्षेत्र

में एक बड़ा परिवर्तन आने के स्पष्ट संकेत मुझे दिखते हैं। अब गौरक्षा और अधिक संगठित, समर्पित, संयमित और सादगी भरे रूप में सामने आएगी। यह आवश्यक भी था क्योंकि गौरक्षा व गौसेवा जैसा एक परम आवश्यक, सामयिक, समीचीन, पवित्र व ईश्वरीय कार्य गोरखधंधे के गहरे तिलिस्म में फँस गया था। आज के समय में बिगड़ते पर्यावरण, ह्रास होती परंपरागत कृषि, रसायनों के बढ़ते प्रयोग आदि अनेक ऐसे कोण हैं जहाँ से गौरक्षा की परम आवश्यकता प्रतीत होती है।

❑

अंतरराष्ट्रीय मंचों से पाक-चीन का घेराव

आसियान सम्मेलन, जी 20, वियतनाम दौरे व कई सारे प्रत्यक्ष-अप्रत्यक्ष अभियानों के माध्यम से एक बार फिर भारतीय प्रधानमंत्री नरेंद्र मोदी ने अपनी विदेश नीति की दहाड़ लगाई और एक प्रकार से चीन और पाकिस्तान के विरुद्ध ललकार की हैटट्रिक लगा दी, जब उन्होंने अभियान वियतनाम छेड़ा। पाकिस्तान के विरुद्ध अपनी आवाज को अंतरराष्ट्रीय मंच से बुलंद करते हुए नरेंद्र मोदी ने आतंकवाद के मुद्दे पर लाओस के वियनतियाने में हो रहे 14वें आसियान सम्मेलन में कहा कि हमें उन लोगों के खिलाफ कठोर कदम उठाने होंगे, जो आतंकवाद का इस्तेमाल हथियार की तरह करते हैं। केंद्र की पिछली यू.पी.ए. सरकार की 'लुक ईस्ट' पॉलिसी को 'एक्ट ईस्ट' पॉलिसी में बदलनेवाली एन.डी.ए. सरकार के मुखिया नरेंद्र मोदी के भाषणों और कृतित्व में यह बात स्पष्ट दिखने लगी है। नरेंद्र मोदी ने पाकिस्तान की ओर संकेत करते हुए उसे सख्तीपूर्वक आतंक का निर्यातक देश बताया और इसके खतरे भी गिनाए। अपनी पाकिस्तान नीति को दृढतापूर्वक स्पष्ट करते हुए मोदीजी ने कहा कि पाकिस्तान और आतंकवाद को सरंक्षण देनेवाले उसके जैसे देश ही हैं, जो विश्व अर्थव्यवस्था के एकीकरण, सुदृढीकरण व तेजी में बड़ी बाधा बने हुए हैं। नरेंद्र मोदी ने

अपनी बात को स्पष्टता व मजबूती से रखते हुए आगे कहा कि अगर दक्षिण एशिया में शांति, समृद्धि व स्थायित्व लाना है, तो ऐसे आतंक को प्रश्रय देनेवाले देशों व आतंक को हर स्थिति में बेअसर करना होगा। भारत अपनी एक्ट ईस्ट नीति को लागू करने के बाद से ही आसियान देशों के प्रति खासा संवेदनशील रहा है। इसी संवेदनशीलता को आगे बढ़ाने व अपने पूर्वोत्तर राज्यों को आसियान देशों से सीधे संपर्क में लाने के लिए आसियान देशों से सहयोग को आगे बढ़ाना चाहता है। भारत अपनी 'एक्ट ईस्ट' नीति के तहत स्पष्ट तौर पर यह चाह रहा है कि प्राचीन व मध्य युग की तरह भारत के अपने पूर्वी पड़ोसी देशों से संबंध सुदृढ, सुस्पष्ट व मधुर हों। यूरोपीय राजनीतिक व भौगोलिक इकाइयों की तरह दक्षिण-पूर्वी एशियाई देशों में भी राजनीतिक, राजनयिक व सांस्कृतिक गठबंधन करवाना अब भारत व नरेंद्र मोदी का एक बड़ा लक्ष्य दिख रहा है। चीन की विस्तारवाद की नीति व पाकिस्तान की आतंकवाद को प्रश्रय की नीति इस राह में बड़ी बाधा है। 10 दक्षिण-पूर्वी एशियाई देशों इंडोनेशिया, मलेशिया, फिलीपींस, सिंगापुर, ब्रुनेई, कंबोडिया, लाओस, म्याँमार, वियतनाम और थाईलैंड के नेताओं के मध्य अपने मंतव्य को नरेंद्र मोदी ने बखूबी रखा।

15 वर्षों बाद किसी भारतीय प्रधानमंत्री की हो रही वियतनाम यात्रा में भी मोदी ने पाकिस्तान व चीन के विरुद्ध अपनी विदेश नीति को स्पष्टता के साथ आगे बढ़ाया। चीन में हो रहे 4-5 सितंबर के जी-20 सम्मेलन के ऐन पूर्व नरेंद्र मोदी ने अपना वियतनाम का दौरा रखकर एक विशिष्ट योजना का परिचय व अपनी कूटनीति का संकेत दे दिया है। दक्षिण-पूर्व एशिया में भारत की उत्तरोत्तर बढ़ती भूमिका का संकेत देती यह कूटनीति बहुत आगे तक जाने का लक्ष्य लिये हुए है। वियतनाम के लिए भारत सर्वोच्च 10 व्यापारिक साझेदारों में से एक है। 2013 में दोनों देशों के मध्य 5.23 बिलियन डॉलर का व्यापार हुआ, जो गत

वर्ष की तुलना में 32.8 प्रतिशत बढ़कर 2014 में 5.60 बिलियन डॉलर हो गया। इसमें भारत का निर्यात 3.1 बिलियन डॉलर और आयात 2.5 बिलियन डॉलर था। दोनों देशों के बीच 2020 तक 15 बिलियन डॉलर के व्यापार का लक्ष्य है। भारत वियतनाम में 111 प्रोजेक्ट में निवेश किए हुए है और इसमें करीब 530 मिलियन डॉलर की पूँजी लगी हुई है। व्यापारिक साझेदारी में टाटा का वियतनाम के साक्ट्रांग में लगनेवाले थर्मल पावर प्लांट सहित कई आयाम हैं, जो उल्लेखनीय हैं, किंतु सबसे अधिक उल्लेखनीय है कि वियतनाम ने भारत को दक्षिण चीन सागर में तेल और गैस के दोहन के लिए निवेश करने का पूरा अधिकार दे रखा है। वियतनाम का कहना है कि भारत जिस समुद्री इलाके में गैस दोहन कर रहा है, वह वियतनाम के विशेष आर्थिक क्षेत्र में आता है। हालाँकि, चीन इस इलाके को विवादास्पद बताते हुए गैस दोहन को लेकर भारत को चेतावनी देता रहा है।

मोदी की अगुवाई में भारत की 'ईस्ट पॉलिसी' में वियतनाम अहम सामरिक हिस्सेदार है। पी.एम. मोदी के दौरे का मकसद व्यापार, डिफेंस और सिक्योरिटी समेत तमाम द्विपक्षीय संबंधों को और भी मजबूत करना है। इन सभी दृष्टि से वियतनाम आसियान में भारत के लिए समन्वयक की भूमिका निभा रहा है। यह सब स्वाभाविक भी है, क्योंकि यह क्रम वियतनाम के शीत युद्धवाले उसके गाढ़े समय में प्रारंभ हुआ था; जब अमेरिकी सेना से लड़ रही वियतनाम की सेना को भारत ने इमोशनल और मोरल सपोर्ट किया था। समय बीतने के साथ-साथ दिल्ली व हनोई के मध्य दूरियाँ और कम होती गईं, जबकि उधर चीन व वियतनाम के मध्य 1970, 1980 और 1990 के दशक में युद्ध हो चुके हैं। दोनों के बीच दक्षिण चीन सागर को लेकर भी विवाद है। ऐसे में पी.एम. मोदी वियतनाम के जरिए चीन को घेरने की कोशिश में हैं, जिससे चीन हड़बड़ाया हुआ है। चीन के सरकारी मीडिया ने बकायदा यह वक्तव्य

जारी किया कि जी-20 के ऐन पूर्व मोदी के वियतनाम प्रवास का लक्ष्य चीन पर संयुक्त रूप से दबाव बनाना है। वक्तव्य में दक्षिण सागर के मुद्दे पर वियतनाम-चीन के बिगड़े वातावरण का भी उल्लेख है। नई दिल्ली- हनोई के इस संयुक्त प्रयास से बीजिंग में तनाव है। यद्यपि चीन का यह भी मानना है कि भारत चीन पर केवल मनोवैज्ञानिक दबाव बना रहा है। भारत चीन पर सीधे व प्रत्यक्ष दबाव निर्मित करने के विषय में सतर्कता बरतता रहा है, तथापि इस सिलसिले में अमेरिका ने एशिया-प्रशांत की अपनी रणनीति को संतुलित करने के लिए भारत को अपनी ओर खींचे जाने का कोई प्रयत्न नहीं छोड़ा है। अब देखना यह है कि लाओस, जी-20 व वियतनाम की तिहरी कूटनीति के सहारे मोदी अपने परंपरागत प्रतिद्वंद्वी पाकिस्तान को कहाँ तक समझा-साध पाते हैं और चीन को कहाँ तक संदेश दे पाते हैं ?

❑

मोजांबिक से हिंद महासागर में सशक्त भारत

भारतीय वैश्विक नेता महात्मा गांधी के दक्षिण अफ्रीका से खासे संबंध रहे हैं। उस नाते से भारत में सदैव ही दक्षिण अफ्रीका व अफ्रीका में महात्मा गांधी का सशक्त व सम्मानीय उल्लेख होता रहा है। इस स्थिति के बाद भी साढ़े तीन दशक के बाद नमो के रूप में कोई भारतीय प्रधानमंत्री दक्षिण अफ्रीका पहुँचा है, यह आश्चर्य का विषय ही है। नरेंद्र मोदी की इस अफ्रीकी यात्रा के इसके अपने संदेश प्रसारित होंगे। इसके पूर्व वर्ष 1982 में भारतीय प्रधानमंत्री के रूप में श्रीमती इंदिरा गांधी मोजांबिक व केन्या दौरे पर गई थीं। समकालीन रूप से औपनिवेशिक शासन को झेलनेवाले भारत और दक्षिण अफ्रीकी देश के वैचारिक सरोकार स्वतंत्रता के बाद के समय में एक जैसे हुआ करते थे, जो बाद के दशकों में अलग होते चले गए। भारतीय प्रधानमंत्री के रूप में नरेंद्र मोदी की यात्रा दक्षिण अफ्रीकी देशों में इस भाव को दूर करेगी कि भारत की ओर से पहल का अभाव होता है। अब भारतीय पहल हो गई है और सशक्त हुई है। गत वर्ष भारत–अफ्रीका शिखर सम्मेलन के समय ही नरेंद्र मोदी ने भारत के लिए अफ्रीका के महत्त्व को रेखांकित कर संबंधों के इस दौर प्रारंभ कर दिया था। इस भारत–अफ्रीका फोरम समिट में 40 अफ्रीकी देशों के प्रतिनिधि सम्मिलित हुए थे। इसके बाद

भारतीय-अफ्रीकी नीति को मजबूती देने के लिए भारतीय उपराष्ट्रपति हामिद अंसारी अफ्रीका गए थे, फिर भारतीय राष्ट्रपति प्रणब मुखर्जी भी इन देशों की यात्रा पर गए और अब क्रियान्वयन की प्रक्रिया को प्रारंभ करते हुए नरेंद्र मोदी अफ्रीका पहुँचे हैं। भारत और अफ्रीकी देशों के मध्य किसी भी प्रकार के मतभेद या परस्पर टकराव नहीं होने के बाद भी स्वतंत्रता प्राप्ति के सात दशकों तक अफ्रीकी देशों के साथ व्यापार का न होना निराशाजनक तो था ही, साथ-साथ यह एक प्रकार की चूक को भी दर्शाता था। विशेषत: जब भारत वैश्विक मंच पर एक महत्त्वपूर्ण भूमिका की खोज में सतत लगा रहा है, तब इस प्रकार की चूक को सुधारना ही भारत के हित में होगा। इस बात को भारतीय प्रधानमंत्री नरेंद्र मोदी ने सत्ता सँभालते ही समझ लिया था, उसी का परिणाम है कि हाल ही के दो भारतीय शासनाध्यक्षों के लगातार दौरों के तुरंत बाद नरेंद्र मोदी ने मोजांबिक, दक्षिण अफ्रीका, तंजानिया और केन्या की यात्रा की है।

आज जबकि अफ्रीकी देशों में चीन का 200 अरब डॉलर का निवेश है, वहीं भारत मात्र 3 अरब डॉलर के निवेश के साथ अफ्रीका में अभी प्रारंभिक स्थिति में है। चीन का अफ्रीकी देशों के साथ केवल व्यापारिक संबंध है। जबकि भारत तो अफ्रीकी देशों के साथ सांस्कृतिक, राजनैतिक व ऐतिहासिक तौर पर जुड़ा हुआ देश रहा है। ब्रिक्स देशों के सदस्य होने के नाते भारत के लिए काम के देश के रूप में अफ्रीका में यह क्षीण निवेश पिछले दशकों में भारत की उदासीनता व लापरवाही को दर्शाता है, वहीं चीन अपने भारी-भरकम निवेश के साथ अफ्रीकी संसाधनों का जोरदार आर्थिक लाभ उठाता रहा है। दरअसल अफ्रीका 54 देशों का समूह है, जो कि अनेक मामलों में सामूहिक निर्णय करता है। इस रूप में अफ्रीका का यह दौरा भारत को संयुक्त राष्ट्र में व अन्य सामरिक स्थानों पर बढ़त की राह पर ला सकता है व आर्थिक क्षेत्र में भी भारत को लाभ की स्थिति में ला खड़ा कर सकता है।

एक महत्त्वपूर्ण व दीर्घकालीन उद्देश्य के साथ इस दौरे में नरेंद्र मोदी ने बड़े जतन से मोजांबिक की ओर कदम बढ़ाए हैं। दरअसल मोजांबिक एक ऐसा देश है, जो हिंद महासागर के किनारे बसा हुआ है। इस देश से हुए सभी समझौते हमारे लिए दीर्घकालीन लक्ष्यों को प्रभावित करनेवाले बनेंगे। इस दौरे में मोजांबिक से लिक्विफाइड नेच्यूरल गैस आयात का समझौता किया गया है। अब तक भारत अपनी आवश्यकता की एल.एन.जी. स्तर से क्रय करता रहा है और एकमेव स्तर पर ही निर्भर रहा है। स्तर की राजनैतिक अस्थिरताओं के चलते भारत को होनेवाली एल.एन.जी. आपूर्ति कभी भी प्रभावित या बाधित होने का अंदेशा बना रहता था, जो अब नहीं रहेगा। विश्व की कुल उपजाऊ भूमि की 60% भूमि अफ्रीकी देशों में है और इसमें से केवल 20% भूमि पर ही कृषि की जाती है। इस तथ्य को भारत ने अपने फायदे के तथ्य में बदला व वहाँ की सस्ती कृषि भूमि पर भारत के लिए दलहन उगाने व आयात का सौदा किया है। मोजांबिक से हुआ यह कृषि ठेका व दलहन आयात सौदा भारत की दलहन निर्भरता को लंबे समय के लिए समाप्त करने के लिए एक बड़ा कदम सिद्ध हो सकता है।

मोजांबिक के साथ हुआ एक करार तो हमें हिंद महासागर में बेहतर बढ़त देगा, वहीं कई अफ्रीकी देशों के साथ व्यापार के साथ नए व सस्ते सुलभ मार्ग को भी खोलेगा, वह करार है बेइरा बंदरगाह को विकसित करने का। भारत मोजांबिक के बेइरा बंदरगाह को विकसित करके हिंद महासागर में एक नई जमावट करने जा रहा है। चीन–पाकिस्तान के ग्वादर बंदरगाह के मोहरे को हम हाल ही में चाबहार बंदरगाह को विकसित करने का निर्णय कर जवाब दे चुके हैं और अब मोजांबिक के साथ बेइरा बंदरगाह को विकसित करने का निर्णय करके हम हिंद महासागर में बहुत सी सामरिक चिंताओं से मुक्ति पा पाएँगे। हिंद महासागर में चीन की बढ़ती प्रभावी स्थिति के परिप्रेक्ष्य में भारत का चाबहार के बाद यह

बेइरावाला नया तुरुप का पत्ता चीन को तिलमिलाने को मजबूर कर देगा। केवल चीन की दृष्टि से नहीं अपितु 54 देशों के समूहवाले अफ्रीकी देशों में से कई देश भारत के साथ सस्ता, सुलभ व सहज व्यापार बेइरा बंदरगाह के माध्यम से कर पाएँगे। मोजांबिक भी बेइरा बंदरगाह को भारतीय निवेश से विकसित करवाकर आर्थिक बढ़त पाने की स्थिति में पहुँच जाएगा। कहना न होगा कि यह सब अचानक या संयोग से नहीं हो रहा है। चीन के दबाव में चल रही भारतीय विदेश नीति को दबाव से बाहर निकालने की नरेंद्र मोदी टीम की सुविचारित योजना का हिस्सा है यह। केन्या व तंजानिया के साथ किए गए रक्षा क्षेत्र के समझौते को भी भारत की इसी नीति की अगली कड़ी के रूप में देखा जा रहा है। दक्षिण अफ्रीका के साथ भी औषधि, खनिज, खनन, स्वास्थ्य बीमा, अक्षय ऊर्जा आदि क्षेत्रों में समझौते किए गए हैं, जो कि हमें अफ्रीकी देशों में सशक्त उपस्थिति दिलाने में सहयोगी होंगे।

❑

लालकिले के बहु प्रतीक्षित होते भाषण

देश में प्रधानमंत्रियों के प्रत्येक भाषण का अपना महत्त्व होता है किंतु 15 अगस्त को लालकिले से प्रधानमंत्री के भाषण का अपना अलग ही महत्त्व होता है। इस भाषण से प्रधानमंत्री की आंतरिक राजनैतिक स्थिति, आत्मविश्वास, कार्यशैली और भविष्य की प्रकट-अप्रकट योजनाओं के विषय का भी पता चलता है। ऐसा भी हुआ है कि नरेंद्र मोदी के प्रधानमंत्री बनने के बाद स्वतंत्रता दिवस पर लाल किले की प्राचीर से होनेवाले भाषण का महत्त्व, उसे सुननेवाले व उसके व्यापक अर्थ-अनर्थ निकालनेवालों की संख्या कई गुना बढ़ गई है और जहाँ तक प्रधानमंत्री नरेंद्र मोदी के लालकिले के भाषण का प्रश्न है, उसमें यह तथ्य कुछ अधिक ही उजागर होता है। नरेंद्र मोदी के पहले दो भाषण जो उन्होंने लालकिले से दिए थे, वे कई मायनों में उनके पूर्ववर्ती प्रधानमंत्रियों से अलग थे। उन दोनों भाषणों में न केवल वे अधिक आत्मविश्वासी थे बल्कि अधिक मुखर भी थे। जनता से संवाद के विषय में मोदी की अपनी शैली है, जो सदा एकतरफा भाषण में भी परस्पर वार्त्तालाप का आभास कराती रही है। नरेंद्र मोदी ने सफाई, शौचालय जैसे विचित्र व छोटे से लगनेवाले विषय को भी लालकिले की प्राचीर से उठाकर वहाँ से होनेवाले भाषणों का स्वभाव व चरित्र बदल दिया। लालकिले से मोदी के प्रथम दो भाषण जहाँ घोषणाओं से लबरेज थे तो तीसरी बार नरेंद्र मोदी के भाषण में घोषणाएँ अपेक्षाकृत नहीं के जैसी रहीं। अपने तीसरे भाषण में लालकिले

से मोदी जनता को अपने वायदों के ऊपर काम करने की गति व मति का विश्वास कराते से दिखे। दो वर्षों के कार्यकाल के पश्चात् यह आवश्यक भी है और सूझबूझ भरा भी कि वे जनता को यह बताएँ कि उन्हें वायदे न केवल स्मरण हैं अपितु उनको पूर्ण करने की प्रतिबद्धता भी उनमें भरपूर है। नरेंद्र मोदी ने देश को संबोधित करते कहा है कि सामाजिक न्याय से ही सशक्त देश का निर्माण हो सकता है। हाल में दलितों के खिलाफ हुई हिंसा का उन्होंने स्पष्ट जिक्र किए बिना कहा कि 'सामाजिक बुराइयों से लड़ना होगा''''ऐसा होता है, चलता है, से नहीं चलेगा।'

अपने तीसरे भाषण में उन्होंने बलूचिस्तान का प्रश्न आक्रामक ढंग से उठाकर पाकिस्तान के समक्ष एक बड़ी चुनौती खड़ी कर दी। बाद के महीनों में पाकिस्तान के लिए बलूचिस्तान का यह मोदी प्रश्न उसे अंतरराष्ट्रीय मंचों पर विचित्र किंतु घिरी हुई स्थिति में बार-बार खड़ा करता हुआ दिखा।

अपने तीसरे भाषण में नरेंद्र मोदी ने सामाजिक बुराई व दलित अस्पृश्यता जैसे महत्त्वपूर्ण किंतु अछूते विषय को उठाकर इसका महत्त्व कई गुना बढ़ा दिया। मोदी ने दलित हिंसा का प्रश्न उठाते हुए स्पष्ट ताकीद की कि इसे रोकना होगा और ऐसा चलता है या ऐसा तो होता है, कहने से काम नहीं चलेगा। लालकिले से भाषणों का यह अपने आपमें एक नया व विलक्षण प्रयोग था, जो नरेंद्र मोदी ने किया व इसके परिणामस्वरूप ही 15 अगस्त के उनके भाषण को देश भर में सुननेवालों व उसकी प्रतीक्षा करनेवालों की संख्या कई गुना बढ़ गई है। ऐसा नहीं कि उन्होंने अन्य अर्थों में बड़े विषय या अंतरराष्ट्रीय विषय लालकिले से नहीं उठाए; उन्होंने अपने भाषणों में स्थानीय, ग्रामीण, सामाजिक, सांस्कृतिक, शैक्षणिक, वैदेशिक व अंतरराष्ट्रीय विषयों सहित कई पक्षों को सम्मिलित कर उन्हें समग्रता की ओर बढ़ा दिया है।

❑

बतर्ज बांग्लादेश मोदी का मिशन बलूचिस्तान

एक जर्मन कहावत है कि 'इतिहास हमें सिखाता है कि हमने इतिहास से कुछ नहीं सीखा', लेकिन लगता है कि नरेंद्र मोदी इस कहावत को झुठलाकर इतिहास से कुछ सीखकर ही दम लेंगे। बलूचिस्तान की जनता पर हो रहे अत्याचार, उनके मानवाधिकारों का हनन और राजनैतिक स्वनिर्णय की बहाली का नारा लालकिले व अन्य मंचों से बुलंद करके भारतीय प्रधानमंत्री नरेंद्र मोदी ने एक नया राजनयिक मोर्चा खोल दिया है। निश्चित तौर पर वर्तमान हालातों में जबकि अमेरिका से मोदी-ओबामा की जुगलबंदीवाले राष्ट्रपति ओबामा विदा हो रहे हैं और नए अमेरिकी राष्ट्रपति से नरेंद्र मोदी या भारत के संबंध कैसे होंगे, यह बात अभी भविष्य के गर्भ में है; उधर ब्रिटेन में यही परिस्थिति दोहराई जा रही है कि मोदी से कुशल तादात्म्य बैठा लेनेवाले कैमरान सत्ता से विदा हो गए हैं, रूस सहित अन्य वैश्विक मंचों पर भी कहीं-न-कहीं अनिश्चितता का वातावरण है, तब भारतीय प्रधानमंत्री का लालकिले से बलूचिस्तान की आजादी की ओर आवाज लगाना एक नई भारत-पाकिस्तान रणनीति का ही हिस्सा है। भारत द्वारा ऐसा करने से जहाँ बलूचिस्तान की जनता का अंदरूनी और घोषित समर्थन नरेंद्र मोदी की मुहिम को मिल रहा है, वहीं अफगानिस्तान-रूस सहित कुछ

अन्य देश भी बलूचिस्तान के संदर्भ में मोदी के सुर में सुर मिलाने लगे हैं। बलूचिस्तान के लोकप्रिय बुगती परिवार ने तो मोदी का गुणगान कर दिया है। आम बलूची जनता मोदी के चित्रों को लेकर जुलूस-प्रदर्शन कर रही है।

अपने प्रधानमंत्रित्व काल के मध्यांतर के पूर्व ही नरेंद्र मोदी ने यदि बलूच और पी.ओ.के. का बड़ा मुद्दा उठाने का राजनीतिक साहस दिखाया है तो निश्चित ही यह उनकी किसी बड़ी कूटनीतिक तैयारी का अंश है। वैसे जिस मिट्टी, साहस व स्वभाव के मोदी बने हैं और जिस प्रकार की उनकी कार्यशैली रही है, उसके चलते इस प्रकार के निर्णय अनपेक्षित नहीं हैं। ऐसा लगता है कि वे इंदिरा गांधी के बांग्लादेश निर्माण के प्रहसन को पुनः मंचित करना चाहते हैं और बांग्लादेश निर्माण से इंदिरा गांधी को मिली कालजयी प्रसिद्धि का वरण वे भी करना चाहते हैं। बांग्लादेश निर्माण का इतिहास किसी से छिपा नहीं है। देश में आपातकाल लगाकर लोकतंत्र का गला घोट देने जैसे घृणित कार्य करने के बाद भी इंदिरा गांधी को देश की जनता ने क्षमा किया तो संभवत: उसके पीछे सबसे बड़ा कारण बांग्लादेश निर्माण व 1971 के भारत-पाकिस्तान युद्ध में उनके बेजोड़ नेतृत्व का ही था। देश की नेता के रूप में इंदिरा गांधी द्वारा किए गए तीन कार्य उन्हें सदा देश में स्मरणीय बनाए रखेंगे। तत्कालीन परिस्थितियों में जब इंदिरा गांधी ने ये तीन कार्य—बांग्लादेश निर्माण में सफल भूमिका, राजों-रजवाड़ों के प्रिवीपर्स समाप्त करना व बैंकों के राष्ट्रीयकरण का कार्य किए थे, तब परिस्थितियाँ कतई उनके अनुकूल नहीं थीं किंतु उनकी राजनैतिक दृढ़ता ही थी कि वे इन तीनों कार्यों को सफलतापूर्वक कर पाई थीं। यद्यपि तत्कालीन अमेरिकी राष्ट्रपति निक्सन और विदेश मंत्री हेनरी किसिंजर का 1971 के समय जैसा विरुद्धार्थी रवैया भारत के प्रति था वैसा अब अनपेक्षित ही है क्योंकि भारत तब की अपेक्षा अब अमेरिका के कहीं

अधिक समीप है तथापि ओबामा के जाने व नए राष्ट्रपति के आने के मध्य और उधर टेम्स नदी में बहे पानी और चीन के साथ भारतीय तनावों के चलते नरेंद्र मोदी को **अतिशय** सावधानी से काम लेना होगा और चौकन्ना रहना होगा। बांग्लादेश मुक्ति सेना को इंदिरा गांधी के समर्थन की घोषणा के बाद जो परिस्थितियाँ बनी थीं, उनमें तो इंदिरा गांधी के लिए एकदम विपरीत वातावरण था। इंदिरा गांधी जब समूचे बांग्लादेश प्रकरण में अपने स्पष्टीकरण को व्यक्त करने निक्सन के समक्ष वाशिंगटन पहुँची थीं, तब उन्हें बेहद विपरीत व्यवहार का सामना करना पड़ा था। अमेरिकी राष्ट्रपति ने तब भारतीय प्रधानमंत्री इंदिरा गांधी की पीठ पीछे उनके लिए अभद्र भाषा तक का प्रयोग किया था। अमेरिकी राष्ट्रपति के बांग्लादेश मुद्दे पर और भारत-पाक युद्ध में पाकिस्तान को एकतरफा पक्षपाती समर्थन की आलोचना तब अमेरिका के स्थानीय मीडिया ने भी की थी। तब और अब की परिस्थिति में साक्ष्य यह है कि बांग्लादेश के निर्माण के समय अमेरिका ने चीन से समीपता बढ़ाने के लिए पाकिस्तान का प्रयोग किया था व भारत का विरोध किया था, वहीं अब अमेरिका चीन से रणनीतिक संतुलन बैठाने के लिए भारत का समर्थन करने को लगभग मजबूर रहेगा। भारत और नरेंद्र मोदी इस स्थिति को भली-भाँति समझ रहे हैं, तभी इतनी विपरीत स्थिति में भी मोदी बलूचिस्तान के प्रश्न को और पाक अधिकृत कश्मीर के विषय को मजबूती से उठा पाए हैं।

नरेंद्र मोदी द्वारा बलूच मुद्दा उठाने के तुरंत बाद उन्हें बलूचिस्तान के अंदर वहाँ की जनता से और बाहरी देशों से जिस प्रकार का समर्थन मिला है, उससे वे स्वाभाविक ही प्रसन्न होंगे। बलूचिस्तान का बुगती परिवार इन परिस्थितियों में भारत के लिए वैसा ही सिद्ध हो सकता है जैसे बांग्लादेश मुक्ति युद्ध में भारत के लिए शेख मुजीबुर्रहमान सिद्ध रहे थे, एक मोर्चा और है जिस पर भी भारत बहुत अधिक सुरक्षित है और वह है—घुसपैठियों का मुद्दा। बांग्लादेश निर्माण के समय

बांग्लादेशी घुसपैठियों की बड़ी संख्या को भारत में बसाना पड़ा था, जो कि इंदिराजी की एक बड़ी असफलता थी। तब के लगभग एक करोड़ बांग्लादेशी आज भारत में एक बड़े जनसांख्यिकीय असंतुलन सहित कई दीर्घकालीन विकराल समस्याओं का कारण बन गए हैं। अब यदि नरेंद्र मोदी बलूचिस्तान स्वतंत्रता के मुद्दे पर आगे बढ़ते हैं तो एक ओर जहाँ वे कश्मीर मुद्दे पर पाकिस्तान को कड़ी चुनौती पेश कर पाएँगे वहीं दूसरी ओर बलूचिस्तानियों के भारत में किसी भी प्रकार से घुसपैठ करने का कोई प्रश्न ही नहीं है। एक तुलनात्मक विश्लेषण यह भी नरेंद्र मोदी के पक्ष में जाता है कि बांग्लादेश निर्माण के समय मानवाधिकार की चर्चा कमतर स्तर पर ही होती थी, जबकि आज वैश्विक मंच पर मानवाधिकार एक बड़ा संवेदनशील व तुरंत वैश्विक ध्यानाकर्षणवाला विषय बन गया है। बलूच नागरिकों के मानवाधिकार हनन के भीषणतम समाचारों से वैश्विक राजनय मंच जल्दी ही इस ओर आकर्षित होकर भारत के साथ खड़ा हो सकता है।

अब जबकि भारत ने बलूच मुद्दा निर्णायक तौर पर वैश्विक राजनैतिक आकाश में उछाल दिया है, तब लगता है कि देश में एक स्पष्ट बहुमतधारी प्रधानमंत्री होने के क्या अर्थ होते हैं। यह वस्तुत: देखने को मिलेगा, अब देखना है कि नरेंद्र मोदी अपनी चाहत के अनुरूप किस प्रकार और कब इंदिरा गांधी की बांग्लादेश निर्माणवाली भूमिका को निभा पाते हैं!

❑

राष्ट्रवाद के ज्वार में खून की दलाली का खलल

पाकिस्तान में सर्जिकल स्ट्राइक के बाद देश-विदेश में भारत और उसकी सेनाओं के प्रति जैसा वातावरण बना वैसा पूर्व में कभी कदाचित् ही देखने में आया होगा! देश में जहाँ उत्साह का वातावरण बना वहीं विदेशों में इस स्ट्राइक के बाद वैश्विक स्थितियाँ भारत के पक्ष में बनती दिखाई दीं और पाकिस्तान अंतरराष्ट्रीय मंच पर अकेला और अलग-थलग पड़ गया। स्वयं पाकिस्तान इस अलग-विलग करनेवाले वैश्विक माहौल से घबराकर आतंकियों को समर्थन देने से बचने की जुगाड़ में दिखा। नवाज शरीफ ने पाकिस्तानी फौज और आई.एस.आई. से कह दिया कि आतंकियों के विरुद्ध किसी भी काररवाई में कतई अड़ंगे न लगाए। पाकिस्तानी समाचार-पत्र 'डान' में समाचार प्रकाशित हुआ कि शरीफ ने पाकिस्तानी सुरक्षा सलाहकार और गुप्तचर विभाग को पाक के चारों प्रांतों में आतंकियों के विरुद्ध काररवाई करने के आदेश दिए हैं। नए घटनाक्रम से पाकिस्तान अवाक् व हैरान हो गया, जब विश्व के सभी देश उससे अलग खड़े दिखाई देने लगे। पाकिस्तान को तुरंत ही विश्व जनमत ने इस बात का अहसास करा दिया कि आतंकियों के ठिकानों को पाक की भूमि पर पनपाने का छद्म खेल अब और अधिक नहीं चल पाएगा।

इस प्रकार वैश्विक स्तर पर तो भारत ने एक सकारात्मक वातावरण बना लिया किंतु घरेलू मोर्चे पर भारत की स्थिति इससे ठीक विपरीत दिखाई पड़ने लगी। पहले तो कांग्रेस उपाध्यक्ष राहुल गांधी व दिल्ली के मुख्यमंत्री अरविंद केजरीवाल ने इस सर्जिकल स्ट्राइक हेतु मोदी सरकार की प्रसंशा की। तेजी से चले घटनाक्रम में सर्जिकल स्ट्राइक के ठीक बाद नरेंद्र मोदी की देश भर में हो रही भूरि-भूरि प्रशंसा से ये दोनों नेता बेतरह घबरा गए। इन दोनों नेताओं को जैसे राजनैतिक मूर्च्छा आने लगी और राजनैतिक अचेतन में पहुँचे केजरीवाल ने सीधे नरेंद्र मोदी से पाकिस्तान में हुई सर्जिकल स्ट्राइक के सबूत जारी करने की माँगकर दी और फिर धीरे से उनकी इस बेसुरे राग में कर्कश ध्वनि कांग्रेस के संजय निरुपम, दिग्विजय सिंह और चिदंबरम जैसे नेताओं ने भी मिला दी। इन चारों नेताओं को देश भर में नरेंद्र मोदी के पक्ष में उभरे वातावरण व संपूर्ण देश में उभरे राष्ट्रवाद के ज्वार से टीस हुई कि ये भारतीय सेना को भी राजनीति में घसीटने और सेना द्वारा जारी बयान पर भी सवाल उठाने के निम्नतम स्तर पर आ गए।

यद्यपि कांग्रेस अपने इन तीनों नेताओं से किनारा करती दिखाई दी तथापि कांग्रेस के गोलमोल स्पष्टीकरण से वह हो गए नुकसान की भरपाई नहीं कर पाई। इन सबके बाद सारी हदें टूट गईं, जब कांग्रेस के उपाध्यक्ष राहुल गांधी ने नरेंद्र मोदी को जवानों के खून की दलाली करनेवाला बताया। राहुल गांधी के इस प्रकार के बयान से कई बड़े व बुजुर्ग कांग्रेसी नेता नजरें नीची कर बगले झाँकते नजर आने लगे। किंतु बयान चूँकि राहुल गांधी ने दिया था, अतः इस बयान से असहमत व नाराज कांग्रेसी नेताओं की देशभक्ति पर तुरंत राहुलभक्ति हावी हुई और वे मजबूरन राहुल और उनके बयान के पक्ष में खड़े दिखाई देने लगे। अब देश भर में कांग्रेस के पूर्व के बयान भी स्मरण किए जाने लगे जिसमें कभी नरेंद्र मोदी को मौत का सौदागर तो कभी जहर की खेती

करनेवाला बताया गया था। भाषा के इस निचले स्तर पर कांग्रेस के आ जाने से सभी हैरान रह गए। ऐसा नहीं है कि राहुल गांधी की भाषा से केवल भाजपा को नाराजगी हुई, उनकी अपनी पार्टी के लोग भी यह भाषा सुनकर हतप्रभ हो गए थे किंतु मजबूरी में उन्हें चुप ही रहना पड़ा और राहुल के समर्थन में उतरना पड़ा। जवाब में भाजपा अध्यक्ष अमित शाह ने कहा कि राहुल गांधी के मूल में ही खोट है। उधर मोदी से सर्जिकल स्ट्राइक के सबूत माँगनेवाले अरविंद केजरीवाल ने भी राहुल गांधी की इस बात पर उनकी सार्वजनिक तौर पर कड़ी भर्त्सना कर दी। निश्चित तौर पर भारतीय राजनीति के इस दौर में जिस प्रकार भाषा व आचरण का ह्रास हुआ है, वह गंभीर रूप से चिंतनीय है।

देश भर में एक आम राय बन गई कि सर्जिकल स्ट्राइक के वीडियो जारी करना देश हित में व सेना हित में नहीं है तो ऐसा नहीं किया जाना चाहिए, तब ऐसे वातावरण में केजरीवाल के सबूत माँगने और राहुल के खून की दलालीवाले कथनों ने जहाँ कांग्रेस की हालत पतली कर दी, वहीं देश में नए सिरे से चल पड़े राष्ट्रवाद के राग के स्वर को और अधिक पुष्ट कर दिया। देश की जनता ने स्पष्ट समझ लिया कि कांग्रेस और केजरीवाल भाजपा विरोध के अंधे चलन में किसी भी हद तक जा सकते हैं और इस बेसुरे बाजे को बजाने में वे सेना को भी नहीं छोड़ेंगे। हालत यह हो गई कि केजरीवाल और संजय निरुपम कुछ दिनों के लिए पाकिस्तान मीडिया के हीरो बन गए और पाक मीडिया को उन्हें बार-बार दिखाकर और छापकर भारतीय सर्जिकल स्ट्राइक पर प्रश्न उठाने का एक प्रबल अवसर मिल गया। ऐसा स्पष्ट लगने लगा कि एक लंबे समय से सत्ता का सुख भोग रही कांग्रेस पार्टी सत्ताविहीन होने से नीचता की किसी भी हद तक जा सकती है। इस स्ट्राइक से नरेंद्र मोदी को देश भर का जैसा समर्थन मिला, वह उनके प्रधानमंत्री बनने के बाद का पहला सुखद अनुभव था। अचानक कांग्रेसियों को जैसे स्मृति लोप

से वापसी का भान हुआ और वे कहने लगे कि सर्जिकल स्ट्राइक तो कई बार कांग्रेस के शासन काल में भी हुई है। कुछ दिन पूर्व तक जो लोग नरेंद्र मोदी के गत लोकसभा चुनाव के दौरान के भाषणों को बार-बार यह कहकर स्मरण करा रहे थे कि मोदी कहने के कुछ और थे और करने के कुछ और, या वे लोग जो मोदी के छप्पन इंचवाले भाषणों को बार-बार याद दिला रहे थे, वे अब बगले झाँकते नजर आने लगे। मोदी विरोधी दल के नेता केजरीवाल व राहुल गांधी प्रारंभ में मजबूरी वश सर्जिकल स्ट्राइक व मोदी प्रशंसा कर तो बैठे किंतु तुरंत ही अपने असली रूप में लौट आए किंतु तब तक वे मोदी को देश भर से मिल रही प्रशंसा और समर्थन से इतने अवसादग्रस्त हो गए कि कुछ भी अनर्गल बोलने व प्रलाप करने लग गए। तथाकथित मोदी व सेना विरोधी बयानों के बाद मोदी विरोधी नेताओं को जैसे ही अपना नुकसान नजर आया, वे आनन-फानन में फायर कंट्रोल में जुट गए और अन्य बयानों के माध्यम से स्थिति को साधने का प्रयास करने लगे किंतु तब तक बड़ी देर हो चुकी थी और वे बड़ी राजनैतिक हानि झेलने को मजबूर हो चुके थे। इस मध्य जो सबसे लाभकारी पक्ष रहा, वह यह कि देश ने राष्ट्रवाद का एक नया ज्वार देखा, जो लंबे समय तक टिकनेवाला प्रतीत होता है। अब देखना यह है कि देश में उभरे इस राष्ट्रवाद के नए ज्वार को नरेंद्र मोदी और उनकी टीम अंतरराष्ट्रीय मंचों पर चीन-पाकिस्तान सीमा पर कितना स्वर दे पाती है? हाँ, यह स्पष्ट भी हुआ कि देश की जनता ऐसे सर्जिकल स्ट्राइक्स की शृंखला चाहती है तब तक, जब तक कि पाकिस्तान बार-बार चुनौती देना बंद न कर दे।

❑

सर्जिकल ऑपरेशन : वाह भारतीय सेना, वाह नमो!

अंतत: भारतीय सेना ने लक्ष्मण रेखा अर्थात् एल.ओ.सी. को पार करके पी.ओ.के. में प्रवेश कर ही लिया। भारतीय सेना द्वारा 28 सितंबर की रात्रि एल.ओ.सी. को पार करके पी.ओ.के. में तीन किमी. तक अंदर घुसना और चार स्थानों पर हमला करके 38 आतंकियों को मार गिराने का पराक्रम कर दिखाया, जो परिस्थितियाँ बन रही थीं, उनमें यह स्वाभाविक ही था। भारतीय प्रधानमंत्री नरेंद्र मोदी ने चुनाव पूर्व जो वादे किए थे व जिस प्रकार की भाषा बोली थी, उस अनुरूप उनका आचरण पिछले दो वर्षों के कार्यकाल में भले ही जनता को न दिखा हो, किंतु वे सधी गति से आगे बढ़ रहे हैं। नरेंद्र मोदी सेना के साथ सतत व जमीनी संपर्क बनाये हुए थे। भारतीय जनता तब तो बड़ी ही ऊहापोह की स्थिति में आ गई थी, जब नरेंद्र मोदी अफगानिस्तान से लौटते समय अचानक बिना बुलाए नवाज शरीफ के जन्मदिन पर पाकिस्तान चले गए थे और साड़ी-शॉल की कूटनीति कर आए थे! किंतु ये सब एक ऐसे देश के प्रधानमंत्री के कूटनीतिक अभियान का अंश मात्र था, जिसमें मोदी देश के साथ-साथ दुनिया को साधने और अपने शांतिप्रिय, किंतु सख्त व सक्षम राष्ट्र होने की छवि को बनाए रखना चाहते थे। यह सबकुछ उचित ही स्वाभाविक भी था, मोदी बेहद सधे और सटीक चल रहे थे। इसी मध्य 18 सितंबर को उड़ी में पाकिस्तानी सेना समर्थित जैश-ए-मोहम्मद के आतंकियों ने

भारतीय सेना के 18 जवानों को मार डाला। उड़ी घटना के तुरंत बाद भारतीय प्रधानमंत्री ने अपने पहले सार्वजनिक भाषण में स्पष्ट हुंकार भरी थी कि उड़ी में शहीद भारतीय जवानों का बलिदान व्यर्थ नहीं जाएगा, और ऐसा हुआ भी; 18 के बदले 38 आतंकियों को ढेर करके भारतीय सेना ने समूचे भारत का दिल जीत लिया और बधाई व अभिनंदन की पात्र बन गई। यह अभियान सरल नहीं था, बेहद जोखिमपूर्ण था व सुई बराबर की चूक से भी बेतरह विफल हो सकता था। यह भी हो सकता था कि दुश्मन देश में घिरे एक सैकड़ा से अधिक भारतीय कमांडो स्वयं ही घिरकर हताहत हो जाते। भारतीय गुप्तचरों की बेहद सटीक सूचनाएँ व भारतीय सेना का बेहद सधा हुआ सर्जिकल ऑपरेशन अपनी तैयारियों के अनुरूप ही सफल भी रहा। उसने चार घंटों तक दुश्मन की विवादित भूमि पर रहकर चार भिन्न स्थानों पर हमले किए और चार लॉञ्चिंग पैड्स को नेस्तनाबूद कर के 38 आतंकियों को मार गिराया। सभी के सभी एक सैकड़ा से अधिक कमांडो सुरक्षित व सटीक समय सीमा में अपने खेमों में लौट आए।

उड़ी हमले के पूर्व भी भारतीय सेना, भारतीय आम जनता व भारतीय संसाधनों पर कई बार आतंकियों के हमले हुए और भारत शांत व विवश बैठा रहा था। भारतीय जनमानस में लाचारी का भाव व बेबसी का भाव जाग्रत् हो रहा था। गत लोकसभा चुनावों में नरेंद्र मोदी के पाकिस्तान विरोधी नारों और भाषणों को लेकर, विशेषत: 56 इंच के सीनेवाली भाषा को लेकर वर्तमान सरकार पर तंज कसे जाने लगे थे। इन सब बातों को और उससे उपजे निराशाजनक वातावरण को नरेंद्र मोदी ने भारतीय सेना के एक ऑपरेशन से ही ध्वस्त कर दिया। पिछले सप्ताह ही भारतीय रक्षा मंत्री ख्वाजा मोहम्मद आसिफ ने भारत के विरुद्ध परमाणु हथियारों के उपयोग की धमकी दी थी और कहा था कि पाकिस्तान ने टैक्टिकल परमाणु हथियार सजाकर रखने के लिए नहीं बनाए हैं, अब वही पाकी रक्षा मंत्री मुँह बंद किए हैरान दिखाई दे रहे हैं। भारत ने पाकी रक्षा मंत्री

की बात का जवाब मैदान में जाकर पराक्रम से दिया और बता दिया है कि भारत ने भी अपनी सेनाएँ बैरकों में बैठाने के लिए नहीं, अपितु मैदान में उतारने और विजयी अभियान करने के लिए बनाई हैं।

अब इस सर्जिकल ऑपरेशन के बाद निश्चित ही परिस्थितियाँ तेजी से परिवर्तित होंगी। अंतरराष्ट्रीय समुदाय में भारत ने अपने सॉफ्ट स्टेट होने की छवि को एक नया आयाम दे दिया है और यह बता दिया है कि उसके सॉफ्ट स्टेट होने की सीमा क्या है। अब भारत में तथा पाकिस्तान में तनाव निश्चित ही बढ़ेगा और संबंधों की एक नई परिभाषा तय होगी।

भारत ने स्वयं ही विश्व के बीस से अधिक देशों के राजदूतों को अपने सर्जिकल ऑपरेशन की जानकारी विनम्रता व दृढतापूर्वक दी और विश्व समुदाय को अपने साथ खड़ा करने का गंभीर प्रयास प्रारंभ कर दिया है। अधिकांश दक्षिणी एशियाई देश भारत के समर्थन में दिखाई भी पड़ने लगे हैं, बांग्लादेश ने स्पष्ट भारत समर्थन का रुख अख्तियार कर लिया है। यद्यपि अमेरिका पाकिस्तान को पूर्व में आतंकवाद को शरण न देने व बढ़ावा न देने की चेतावनी दे चुका है, उधर चीन भी कह चुका है कि वह भारत-पाकिस्तान संबंधों में दखल नहीं देगा, तथापि इस ऑपरेशन सर्जिकल पर चीन की प्रतिक्रया की बेसब्री से प्रतीक्षा रहेगी। भारत ने बेहद विनम्रता से यह भी स्पष्ट कर दिया है कि सर्जिकल ऑपरेशन एक सीमित सैन्य कारवाई थी, जो अब समाप्त हो गई है, किंतु दृढतापूर्वक यह भी कहा है कि यदि इस अभियान की प्रतिक्रिया होती है, तो उस स्थिति के लिए भी भारत पुर्णत: तैयार है और हर स्थिति में ईंट का जवाब पत्थर से दिया जाएगा।

इस सर्जिकल ऑपरेशन से आतंकवादियों पर दीर्घकालीन परिणाम दिखाई देगा। उन्हें यह स्पष्ट संदेश मिल गया है कि वे अब सुरक्षित नहीं हैं, चाहे वे पी.ओ.के. में बैठे हों या पाकिस्तानी के आँचल में। भारत की इस कारवाई से यह भी स्पष्ट संदेश गया है कि पाक समर्थित आतंकियों

पर यह हमला एक लंबी व सुविचारित रणनीति के तहत किया गया है और ऐसा आगे भी होता रहेगा। इधर भारतीय जनता, भारतीय सेना व समूचे विपक्ष ने भी मोदी सरकार के इस कदम को अपना इकतरफा समर्थन दिया है, जबकि उधर पाकिस्तान में स्थितियाँ ठीक इसके विपरीत हैं। यह पाकिस्तानी प्रधानमंत्री नवाज शरीफ का दुर्भाग्य ही है कि उन्हें उनके पिछले कार्यकाल में करगिल झेलना पड़ा और अब के कार्यकाल में सर्जिकल ऑपरेशन के दौर का यह प्रारंभिक अंश। एक ऐसे देश के प्रधानमंत्री होने के नाते जहाँ सेना व शासक में बड़े ही जटिल और चुनौतीपूर्ण संबंध हों, दोनों में प्रतिस्पर्धा हो व दूर-दूर तक समन्वय न हो, यह स्थिति बड़ी कठिन होती है। इस प्रकार के तथ्य भारत के समर्थन में जाते हैं। नवाज शरीफ को पाकिस्तान में प्रो. मोदी प्रधानमंत्री माना जाता है और उन्हें उतनी विश्वसनीयता हासिल नहीं है। मोदी फोकस्ड शरीफ को अब कठिन स्थिति का सामना करना पढ़ेगा।

भारत-पाक संबंध अब एक नए दौर में प्रवेश कर सकते हैं, जिसमें जल संधि तोड़ने, समझौता एक्सप्रेस के रद्द करने, परस्पर व्यापार रोकने व पाक से मोस्ट फेवरिट नेशन का दर्जा वापस लिये जाने जैसी काररवाइयाँ हो सकती हैं।

जो प्रधानमंत्री नरेंद्र मोदी की कार्यशैली, भाषा व मुद्रा को स्पष्ट समझते हैं, वे लोग इस अभियान की थाह तभी ले चुके थे, जब नरेंद्र मोदी बेहद विनम्रतापूर्वक अफगानिस्तान से लौटते समय नवाज शरीफ के दरवाजे पर बिन बुलाए पहुँच गए थे। खैर, अब जो भी हो, इतना तय है कि भारत-पाक संबंध भारत में एक पूर्ण बहुमत धारी सरकार के दृढ व दूरगामी, दूरंदेशी प्रधानमंत्री के स्पष्ट प्रभाव में रहेंगे। इधर देश भी एक पूर्ण बहुमतधारी प्रधानमंत्री वाली दिल्ली का आनंद लेने के मूड में आ गया है!

❑

तीन तलाक के मुद्दे पर मुखर हुए मोदी

भारत में समान नागरिक संहिता पर विवाद कोई नया मामला नहीं है। केंद्र सरकार द्वारा तीन तलाक के विरोध में न्यायालय में हलफनामा दर्ज कराने के बाद यह विवाद पुनः उभर गया है और तब यह मुद्दा और अधिक गरमा गया, जब नरेंद्र मोदी ने अपने सार्वजनिक भाषण में मुसलिम बहनों पर अत्याचार नहीं होने दूँगा कहकर इस मुद्दे को सीधे-सीधे छेड़ दिया है। उधर ऑल इंडिया मुसलिम पर्सनल लॉ बोर्ड ने तीन तलाक के मुद्दे पर विधि आयोग का बहिष्कार करने का निर्णय कर स्वयं के मध्ययुगीन बने रहने का नया संदेश भी दे दिया है और विधि आयोग को चुनौती भी! विधि आयोग ने हाल ही में तीन तलाक और समान नागरिक संहिता पर कुछ प्रश्न अपनी अधिकृत वेबसाइट पर जारी किए हैं। इस पर ऑल इंडिया मुसलिम लॉ बोर्ड ने वाक्-युद्ध छेड़ दिया है, जबकि संपूर्ण प्रक्रिया सुप्रीम कोर्ट की निगरानी में हो रही है। यहाँ यह भी उल्लेखनीय है कि विश्व कई मुसलिम देशों, जैसे—मलेशिया, ईरान और तो और पाकिस्तान में भी तीन तलाक की प्रक्रिया को समाप्त कर दिया गया है। मुसलिम लॉ बोर्ड तीन तलाक के विरोध में देश भर में और स्वयं मुसलिम समाज में ही बन रहे वातावरण से ऐसा घबराया कि बोर्ड ने बाकायदा प्रेस कांफ्रेंस आयोजित की और कहा कि ला कमीशन

देश के मुसलमानों के साथ पक्षपात कर रहा है, अतः वह लॉ कमीशन का बॉयकॉट करेगा और इसमें सम्मिलित नहीं होगा। हड़बड़ाए मुसलिम लॉ बोर्ड के महासचिव मोहम्मद वाली रहमानी ने सप्रंग सरकार के प्रधानमंत्री नरेंद्र मोदी पर तरह-तरह के आरोप लगा दिए हैं। केंद्र सरकार ने हलफनामे में सुप्रीम कोर्ट से कहा था कि तीन तलाक महिलाओं के साथ लैंगिक भेदभाव है और संविधान के मुताबिक लैंगिक आधार पर महिलाओं की गरिमा से कोई समझौता नहीं हो सकता। तीन तलाक के प्रश्न पर मणिपुर की राज्यपाल और मोदी सरकार में अल्पसंख्यक मामलों की मंत्री रह चुकीं नजमा हेपतुल्ला ने कहा है कि समाज के कुछ तबके में तीन तलाक की गलत व्याख्या की जा रही है, क्योंकि इसलाम में एक बार में तीन तलाक की कोई अवधारणा है ही नहीं।

समान नागरिक संहिता एक सेक्युलर कानून होता है, जो सभी धर्मों के लोगों के लिए समान रूप से लागू होता है। यह किसी भी धर्म या जाति के सभी निजी कानूनों से ऊपर होता है। संविधान के आर्टिकल 44 में स्पष्ट लिखा है कि सरकार इस बात का प्रयत्न करेगी कि एक दिन देश भर में यूनिफॉर्म सिविल कोड लागू हो जाए। यूनिफॉर्म सिविल कोड लागू करने का मतलब यह है कि शादी, तलाक और जमीन-जायदाद का बँटवारा करने में सभी धर्मों के लिए एक ही कानून लागू होगा। अभी मुसलिमों के लिए इस देश में अलग कानून चलता है, जिसे मुसलिम पर्सनल लॉ बोर्ड कहते हैं, यह गैर-सरकारी संगठन है। इसमें मुसलिमों में ही परस्पर सरफुटौवल की हद तक मतभेद हैं, जिसके चलते साल 2005 में शियाओं ने ऑल इंडिया मुसलिम पर्सनल लॉ से संबंध तोड़ लिये और उन्होंने ऑल इंडिया शिया पर्सनल लॉ बोर्ड के रूप में स्वतंत्र लॉ बोर्ड का गठन किया।

उल्लेखनीय है कि मुसलमान महिला को तलाक देने का अधिकार नहीं है, जबकि मुसलमान पुरुष न सिर्फ तीन बार तलाक कहकर तलाक

ले सकता है बल्कि एक साथ एक से अधिक पत्नियाँ भी रख सकता है। मुसलिम पर्सनल लॉ बोर्ड मुसलिमों के इस तरह के ही कुरानी या शरियत कानून को संचालित करता है या उनकी रक्षा करता है।

मुसलिम समाज में यह गलतफहमी बड़े तौर पर विद्यमान है कि मुसलिम पर्सनल ला मुसलिम धर्म का एक हिस्सा है, किंतु इसलाम के गहरे जानकार यह बताते हैं कि ऐसा कतई नहीं है। मुसलिम पर्सनल ला में केवल विवाह, उत्तराधिकार, संरक्षण, गोद लेना तथा भरण-पोषण जैसे मामलों से संबंधित कानून सम्मिलित हैं। मुसलिम बंधु यह समझें कि इन दुनियावी चीजों से किसी धर्म का मूल चरित्र नहीं बदलता है।

पर्सनल ला मामले में महत्त्वपूर्ण प्रगति तब हुई थी, जब 18वें विधि आयोग ने दो महत्त्वपूर्ण सिफारिशें की थीं, जो समान नागरिक संहिता की अवधारणा पर आधारित नहीं थीं, किंतु इस दिशा में महत्त्वपूर्ण प्रगति थी। इसमें 1954 के विशेष विवाह अधिनियम में संशोधन कर भेदभावपूर्ण प्रावधानों को खत्म करना तथा सभी विवाहों का पंजीकरण अनिवार्य करना शामिल था, किंतु तब भी राजनैतिक संकल्पशीलता के अभाव के चलते इस दिशा में प्रगति नहीं हो पाई थी, अब यह मसला तूल पकड़ता जा रहा है, क्योंकि मुसलिम महिलाओं ने 50 हजार हस्ताक्षर करवाकर तीन तलाक की प्रथा को समाप्त करने की माँग की है। इससे मुसलिम समाज का बदलता चेहरा भी सामने आता है।

हाल ही में जब कोर्ट ने केंद्र से तीन तलाक के विषय में कोर्ट में हलफनामा प्रस्तुत करने के लिए कहा तब नरेंद्र मोदी सरकार ने पिछली सरकारों की तरह इस मुद्दे पर कन्नी काटने व चुप बैठे रहने के स्थान पर संविधान की धारा 44 के मर्म को समझकर अपनी जिम्मेदारी निभाई व तीन तलाक के मुद्दे पर स्पष्ट असहमति व्यक्त कर दी है। 1840 में यह विवाद प्रथम बार उभरा था और 1985 में राजीव गांधी सरकार के समय तो शाह बानो प्रकरण से यूनिफॉर्म सिविल कोड अतीव सुर्खियों में

आया था। तब सुप्रीम कोर्ट ने बानो के पूर्व पति को गुजारा भत्ता देने का ऑर्डर दिया था। इस मामले में न्यायालय ने अपने निर्णय में कहा था कि पर्सनल लॉ में यूनिफॉर्म सिविल कोड लागू होना चाहिए, तब लगा था कि तत्कालीन प्रधानमंत्री राजीव गांधी इतिहास रचेंगे किंतु अंतत: वे भी तुष्टीकरण की राजनीति के पथ पर चलते दिखाई पड़े थे। रहा भाजपा का प्रश्न तो प्रारंभ से ही 'यूनिफॉर्म सिविल कोड' पर उसका स्पष्ट एजेंडा रहा है। भाजपा की यह स्पष्ट मान्यता रही है कि संविधान की भावना के विपरीत यूनिफॉर्म सिविल कोड को लागू करने से पीछे हटने के पीछे तुष्टीकरण की राजनीति व एक वर्ग विशेष के वोटों को थोकबंद रूप में पाने का मुख्य कारण रहा है। मोदी सरकार ने समान नागरिक संहिता लागू करने की संभावना तलाशने के लिए लॉ कमीशन की सलाह माँगी है, वह भी तब जब माननीय उच्चतम न्यायालय ने पूछा कि इसे लागू करने के लिए सरकार क्या कर रही है ? वस्तुत: यह कार्य स्वतंत्रता के तुरंत बाद आरंभ हो जाना चाहिए था। संविधान निर्माता अंबेडकर की स्पष्ट मान्यता थी कि संविधान की धारा 44 के अनुसार देश में शीघ्र ही समान नागरिक संहिता लागू करा देनी चाहिए। स्पष्ट तथ्य है कि भारत से अलग-अलग कानूनोंवाली व्यवस्था के उन्मूलन हेतु ही संविधान में धारा 44 का समावेश किया गया था। वस्तुस्थिति यह थी कि भारत में रह रहे मुसलमान 60 के दशक तक यह मान्यता मानकर चल रहे थे कि सेक्युलर भारत में आज नहीं तो कल शरिया कानून समाप्त होकर कॉमन सिविल कोड लागू होगा ही व मुसलिम इस हेतु मानसिक तौर पर तैयार भी थे किंतु चुनावी राजनीति के चलते लगातार यथास्थिति बनाई रखी गई, जिससे बाद के दौर में मुसलिम इस कानून के प्रति दुराग्रही होते चले गए और ऐसी भयावह परिस्थिति बनी। इस पर्सनल लॉ का ही परिणाम है कि शरिया कानून की शिकार हुई लाखों मुसलिम महिलाएँ अपने अधिकारों से वंचित होकर भारत के सभ्य समाज के समक्ष एक

बड़ा प्रश्न बनकर बेसहारा खड़ी हैं। मनमाने ढंग से कितने ही बहुविवाह करने व स्त्रियों को बात बेबात पर मात्र तीन बार तलाक-तलाक-तलाक कहकर तलाक देने के पाशविक अधिकार से समाज में न जाने कितनी ही बुराइयाँ पनप रही हैं। तब भारतीय मुसलिम समाज ने स्वयमेव इस दिशा में सकारात्मक प्रयास का स्वागत करना चाहिए। मुसलिम समाज यह समझ ले कि अंततः एक समृद्ध, विकसित व सभ्य समाज का निर्माण एक स्वतंत्र, शिक्षित व सर्वदृष्टि से सुरक्षित महिला ही कर सकती है; और यह स्थिति तीन तलाक व बहुविवाह के रहते नहीं आ सकती है।

❑

बलूचिस्तान पीओके–
मोदी का मारक हथियार

नरेंद्र मोदी ने पाकिस्तान के विरुद्ध अपने चौतरफा घेराबंदी के अभियान से एक नया और मारक हथियार चला दिया है। हाल ही में भारतीय प्रधानमंत्री के रूप में नरेंद्र मोदी ने बलूचिस्तान, पाक अधिकृत कश्मीर व गिलगित की स्वतंत्रता, वहाँ के लोगों पर हो रहे अत्याचार, मानवाधिकार हनन व धार्मिक, नस्लीय, क्षेत्रीय भेदभाव के विरुद्ध मुखर आवाज लठा दी है। खान अब्दुल गफ्फार खान अर्थात् सीमांत गांधी के साथ स्वतंत्रता के समय हुआ ब्रिटिश, पाकिस्तानी व भारतीय संवाद सभी के स्मरण में होगा। सीमांत गांधी कभी नहीं चाहते थे कि बलूचिस्तान पाकिस्तान के कब्जे में जाए, वे वहाँ की बलूच जनता के सच्चे हमदर्द प्रतिनिधि थे व स्पष्ट तौर पर भारत के साथ रहना चाहते थे। ब्रिटिश बलूच क्षेत्र को प्रारंभ से स्वतंत्र क्षेत्र के रूप में विकसित करने की योजना बना रहे थे। 1944 में ब्रिटिश अधिकारी जनरल मनी ने इस योजना पर कार्य प्रारंभ कर दिया था, किंतु बाद में जिन्ना माउंटबैटन के मध्य पकी किसी खिचड़ी की अवैध संतान के रूप में पाकिस्तान कब्जेवाला बलूचिस्तान जन्मा, जो आज भी विवादित है और पाकिस्तान से स्वतंत्र होना चाहता है। पाक के विरुद्ध बलूच जनता के संघर्ष का एक बड़ा इतिहास रहा है। संघर्ष व बलूचों पर अत्याचार तथा उनकी

पीड़ा की एक लंबी गाथा रही है, जिससे पूरा विश्व परिचित रहा है, किंतु भारतीय प्रधानमंत्री नरेंद्र मोदी द्वारा बलूचिस्तान के प्रश्न को मुखरता से उठाए जाने के बाद बलूच प्रश्न अब अंतरराष्ट्रीय मंचों पर अपनी जगह बनाने लगा है। 1970 के दशक में बलूचिस्तान में बलूच राष्ट्रवाद का उदय हुआ, जिसके बाद व पूर्व भी कई बार बलूचिस्तान को पाकिस्तान से मुक्त कराने, स्वशासी बनाने व एक पृथक् राष्ट्र का रूप देने के कई प्रयास हुए। स्थानीय बलूच नेता समय-समय पर बलूचिस्तान के साथ हो रहे सौतेले क्षेत्रवाद, बलूच संसाधनों के अंधाधुंध दोहन व बलूच जनता को मिल रहे विकास के अल्पतम अवसरों के विरुद्ध आवाज उठाती रही है। अब हाल ही में जब भारतीय प्रधानमंत्री नरेंद्र मोदी ने लालकिले से व अन्य अवसरों पर बलूच राष्ट्र की बात करना प्रारंभ की है, तब पाकिस्तान का चौकना व तिलमिलाना स्वाभाविक ही है। कश्मीर मुद्दे, पाक प्रेरित आतंकवाद व घाटी में अलगाववाद की आग को भड़काने की नापाक हरकतों से किसी भी कीमत पर न चूकनेवाले पाकिस्तान के लिए यह नया किंतु एक बड़ा व तगड़ा झटका है।

प्रधानमंत्री मोदी ने मामले को केवल यहीं तक सीमित नहीं रखा, अपितु बलूचिस्तान और पाकिस्तान के कब्जेवाले कश्मीर (पी.ओ.के.) में लोगों पर पाकिस्तानी अत्याचार व गिलगित का मुद्दा भी उठाया। एक विस्तृत किंतु लगभग निर्जन क्षेत्र बलूचिस्तान में पाक का 3.6 प्रतिशत हिस्सा यहाँ रहता है। यह पाकिस्तान का बहुत पिछड़ा-गरीब क्षेत्र है, लेकिन खनिज के क्षेत्र में समृद्ध है, जिसका लाभ यहाँ की जनता को नहीं मिल पा रहा है। 1948 से ही ये लोग आजादी के लिए संघर्ष कर रहे हैं। पाकिस्तानी सेना का दमन यहाँ जारी है। सेना पर शांति के नाम पर हजारों लोगों की गिरफ्तारी, अपहरण और हत्याओं के आरोप हैं। सेना व सरकारी नौकरियों में बलूचियों पर रोक लगा रखी है। बलूचिस्तान को पाक की सोने की खान यों ही नहीं कहा जाता, यह क्षेत्र सचमुच एक

प्राकृतिक संसाधन परिपूर्ण समृद्ध क्षेत्र है। 1952 में यहाँ के डेरा बुगती में गैस भंडार मिला था। 1954 में गैस उत्पादन शुरू हो गया। बलूचिस्तान को छोड़ दूसरे हिस्सों में सप्लाई हुई, किंतु बलूच जनता को इसका कोई लाभ नहीं मिला। बलूच विवाद तो पाकिस्तान बनने के कुछ समय बाद ही शुरू हो गया था। 15 अगस्त, 1947 को बलूचिस्तान ने आजादी का ऐलान भी कर दिया था, लेकिन 1948 में उन्हें दबाव के तहत पाक के साथ मिलना पड़ा। अप्रैल 1948 में पाक सेना ने मीर अहमद यार खान को जबरन अपना राज्य कलात छोड़ने पर मजबूर कर दिया था। उनसे कलात की आजादी के खिलाफ एग्रीमेंट साइन करवा लिये गए थे। अब पाक अधिकृत कश्मीर, गिलगित व बलूचिस्तान की आजादी के प्रश्न को भारत के दृढ समर्थन मिलने के बाद बलूचिस्तान, पाक अधिकृत कश्मीर व गिलगित में हवा बदलने लगी है। अब जहाँ रूस व संयुक्त अरब अमीरात बलूच स्वतंत्रता का समर्थन करने लगे हैं, वहीं हाल ही में कनाडा व जर्मनी में बलूच स्वतंत्रता समर्थक प्रदर्शन हुए हैं।

अफगानिस्तान के भूतपूर्व राष्ट्रपति हामिद करजई ने भी नरेंद्र मोदी के बलूच पर रुख का स्वागत किया है। हाल ही में बलूचिस्तान में व विदेशों में रह रहे कई बलूची नेताओं, संगठनों व मचों ने नरेंद्र मोदी की इस पहल का खुले मन से मुखर स्वागत किया है। अब बलूचिस्तान के अनेकों नेता, सामाजिक कार्यकर्ता व मानवाधिकारी संगठन बलूचिस्तान की स्वतंत्रता के लिए नए सिरे से आंदोलन प्रारंभ कर रहे हैं व भारतीय प्रधानमंत्री नरेंद्र मोदी का समर्थन करते हुए उनके प्रति आभार भी प्रकट कर रहे हैं। बलूच नेता भारतीय राजनय पक्ष से यह स्पष्ट आशा व्यक्त कर रहे हैं कि संयुक्त राष्ट्र में भारत बलूचिस्तान के प्रश्न को प्रभावी ढंग से उठाएगा। इस संबंध में अब भारत के बांग्लादेशी स्वतंत्रता के समय अपनाई गई भूमिका की तरह ही बलूच स्वतंत्रता हेतु उसी प्रकार की भूमिका उठाए जाने की बात राजनयिक मंचों पर रखी जाने लगी है। पाक

के विरुद्ध बलूच जनता के संघर्ष का अपना दीर्घ व सुदृढ इतिहास रहा है, जो कि 1945, 1958, 1962, 1973–77 में होता रहा है। पाकिस्तान में परवेज मुशर्रफ के सत्ता सँभालने के बाद बलूच में स्वतंत्रता हेतु नए सिरे से संघर्ष प्रारंभ हुआ। बलूची संसाधनों से खनिज का अंधाधुंध दोहन, बलूच संसाधनों से पाकिस्तानी जर्जर अर्थव्यवस्था को सँभालना, आम बलूचों को वहाँ के आतंकवादी शिविरों के माध्यम से धमकाना यहाँ आम बात है। महिलाओं पर पाशविक अत्याचार, उन्हें जबरन वेश्यावृत्ति में धकेला जाना, रोजगार का भयंकर अभाव होना, आम बलूच जनता को येन–केन–प्रकारेण मताधिकार से वंचित करना, इस क्षेत्र में अत्याचार के आम तरीके बन गए हैं। एक ओर गरीबी, बेरोजगारी, संसाधनों व इंफ्रास्ट्रक्चर का भयंकर अभाव बलूच क्षेत्र को नर्क की स्थिति में ला खड़ा करता है, तो दूसरी ओर मानवाधिकारों के भयंकर हननवाला प्रशासकीय रवैया बलूच जनता को न जीने देता है न मरने। धार्मिकता के आधार पर भी यहाँ के लोगों का भयंकर शोषण होता है। नारकीय स्थिति में रह रहे बलूच व पाक अधिकृत कश्मीर के लोग अब इस नई स्थिति में भारत की तरफ आशा की टकटकी लगाए हुए हैं। देखना है कि बांग्लादेश को जन्म देने का अंतरराष्ट्रीय श्रेय पानेवाला भारत और भारतीय प्रधानमंत्री नरेंद्र मोदी पाक अधिकृत कश्मीर, गिलगित व बलूचिस्तान के विषय में क्या कर पाते हैं?

❑

स्वातंत्र्योत्तर भारत का सर्वाधिक बड़ा निर्णय

कालखंड या समय या इतिहास को हम दो भागों में विभाजित करते हैं, एक bc अर्थात् बिफोर क्राइस्ट और दूसरे dc अर्थात् एन्नो डोमिनी। इसी प्रकार अब यह सुनिश्चित हो गया है कि स्वातंत्र्योत्तर भारत की अर्थव्यवस्था अब दो कालखंडों से जानी जाएगी—एक नरेंद्र मोदी के पूर्व 500-1000 के नोटों के बंद होने के पूर्व की भारतीय अर्थव्यवस्था और दूसरी नरेंद्र मोदी द्वारा इस प्रतिबंध के बाद की भारतीय अर्थव्यवस्था।

आठ नवंबर को रात्रि 8 बजे राष्ट्र के नाम संदेश में नरेंद्र मोदी ने जब देश को यह बताया कि आज रात्रि 12 बजे के बाद देश में भारतीय रिजर्व बैंक द्वारा जारी 500 व 1000 के नोट चलने योग्य नहीं रहेंगे या लीगल टेंडर नहीं रहेंगे, तो लोग अतिशय भौंचक्के हो गए व मोदी के प्रति प्रशंसा-भाव से भी भर गए। मोदी के प्रशंसकों मोदी की मुखर प्रशंसा करने लगे, तो विरोधियों को अपने मन में आए प्रशंसा भाव को मजबूरी में दबाने को विवश होना पड़ा। स्थिति यह बन गई कि मोदी विरोधी राजनेताओं को बरबस ही विरोध जताने के लिए थोथे, खोखले व अर्थहीन आरोपों को खोजना पड़ा। मुख्य विरोधी दल कांग्रेस की इस पर जो प्रतिक्रया रही, वह बड़ी हास्यास्पद थी। खैर, यह तो स्वाभाविक ही था!

कल जब प्रधानमंत्री नरेंद्र मोदी ने राष्ट्र को संबोधित करते हुए 500

और एक हजार रुपए के पुराने नोट बंद करने की घोषणा की कि अब लोगों के पास मौजूद पाँच सौ और एक हजार के नोट बाजार में मान्य नहीं होंगे, तो देश भर की आम जनता में गजब का उत्साह छा गया और वहीं कालेधन वाले असीम चिंताओं व जुगाड़ में व्यस्त हो गए. संपूर्ण देश के आम नागरिक इस स्थिति में अपनी विकट व विकराल समस्याओं को भी समझ रहे थे, तब जिस प्रकार के प्रसंशा भाव को वे व्यक्त कर रहे थे या देश के नेतृत्व पर जिस प्रकार विश्वास व्यक्त कर रहे थे, वे गजब के चरम राष्ट्रवाद के क्षण थे। एक ओर जहाँ देश भर में इस ऐतिहासिक निर्णय को लेकर आम जनों में बेहद उत्सुकता, प्रसंशा व राष्ट्रवाद की भावना व्यक्त हो रही थी, तो वहीं दूसरी ओर अमेरिका के चुनाव परिणामों में मोदी की प्रसंशा भरा चुनाव अभियान चलाने वाले डोनाल्ड ट्रंप चुनाव में जीत की ओर बढ़ रहे थे।

निश्चित ही यह भारत देश का सर्वाधिक बड़ा व सकारात्मक निर्णय है। देश में बड़ी मात्रा में चल रहे नकली नोटों, आतंकवादी घटनाओं में प्रयुक्त हो रही नकली व अवैध करेंसी, देश में अंदरूनी तौर पर मौजूद कालेधन को समेटने, पेपरलेस करेंसी के चलन को बढ़ाने, नशीले ड्रग्स के धंधे को रोकने व अधिकाधिक लेनदेन बैंक के माध्यम से करने के दुर्लभ लक्ष्य को नरेंद्र मोदी ने अपने एक निशाने या निर्णय से लगभग प्राप्त ही कर लिया। देश में एक चिंताजनक समाचार यह भी आया है कि पड़ोसी पाकिस्तान से 12 हजार करोड़ की नकली नोटों की खेप शीघ्र ही भारत आनेवाली थी या आ गई है। यदि इतनी बड़ी संख्या में नकली करेंसी भारतीय बाजारों में विलीन हो जाती, तो समझा जा सकता है कि देश की अर्थव्यवस्था को कितना बड़ा व असहनीय धक्का लगता। वैसे ये समाचार कोई नए नहीं हैं पाकिस्तान के संरक्षण में पल-बढ़ रहे आतंकवादी इसके पूर्व बहुधा ही अपने यहाँ छपी नकली करेंसी को भारत के बाजारों में खपाकर अपने षड्यंत्रों को पैसा भी पुराते रहे हैं और भारतीय अर्थव्यवस्था को खोखला करते रहे हैं। ये लोग नकली करेंसी के माध्यम से पीढ़ियों

को बरबाद कर देनेवाली ड्रग्स का धंधा नकली नोटों के माध्यम से ही चलाते थे। यह बात भी किसी से छिपी नहीं है कि नकली करेंसी का लगभग 100 प्रतिशत हिस्सा 500 व 1000 के नोटों के रूप में ही आता रहा है। इस निर्णय को लेने में कितने बड़े आत्मविश्वास की आवश्यकता हुई होगी, यह भारत का प्रत्येक भोला-भाला, अनपढ़ नागरिक व शिक्षित नागरिक दोनों भलीभाँति समझ रहे हैं। आम व गरीब नागरिक को इस निर्णय से बड़ी परेशानी होगी, उसके बाद भी जिस प्रकार इस निर्णय का ईमानदार आम नागरिक, कारोबारियों, उद्यमियों व नौकरीपेशा वर्ग ने स्वागत किया है, वह कल्पना से परे है। निश्चित ही असीमित परेशानी व संकट में यदि कोई पड़ रहा है, तो वह है बेईमान, भ्रष्टाचारी व काले धंधे में लिप्त लोग।

नोटबंदी के प्रत्यक्ष परिणामों के रूप में कालाधन सामने आने के लक्ष्य को अपेक्षित सफलता नहीं मिल पाई, किंतु अप्रत्यक्ष रूप से इसे सफल माना गया। बड़े पैमाने पर अप्रचलित मुद्रा बैंकों में जमा हुई और बाद में आयकर विभाग में लाखों की संख्या में नोटिस जारी करके बैंकों में हुई बड़ी नगदी जमा को पूछताछ व दंड के दायरे में ले आया गया।

विपक्षी दलों ने इस निर्णय की बहुतेरी आलोचनाएँ कीं और इस निर्णय पर सभी माध्यमों से तरह-तरह के तीखे व्यंग्य भी किए गए, किंतु मोदी अपने निर्णय पर अटल रहे। नोटबंदी के बाद मुंबई महानगरपालिका, उ.प्र. सहित पाँच राज्यों में हुए विधानसभा चुनाव व दिल्ली नगर निगम चुनावों को नोटबंदी पर जनमत संग्रह माना गया, किंतु मोदी के प्रत्यक्ष नेतृत्व में लड़े इन चुनावों में मिली सफलता ने नोटबंदी के विषय को जैसे देश के चर्चापटल पर से विपुप्त ही कर दिया।

इस दौर में एक चुटकुला भी खूब चला—कांग्रेस के शासनकाल में मनमोहन सिंह ने चवन्नी को बंद कर दिया था। कहा जा रहा है कि जो जितना बड़ा आदमी होगा, वह उतना ही बड़ा काम करेगा।

❑

जन्मभूमि का नजराना देकर नजीर पेश करे मुसलिम समाज

मार्च 2017 में श्रीराम जन्मभूमि मामले में उच्चतम न्यायालय ने मामले के दोनों पक्षों से कहा कि इस मामले को वे परस्पर चर्चा व सहमति से निपटाएँ। इस हेतु न्यायालय ने 31 मार्च तक का समय भी तय कर दिया है। सुप्रीम कोर्ट के मुख्य न्यायाधीश श्री खेहर ने सुनवाई के दौरान जब यह कहा, तो यह स्मरण में आता है कि न्यायालय का यह प्रस्ताव कोई पहली बार नहीं आया है। 1986 के बाद यह 11वाँ अवसर है, जब इस मामले की पेचीदगियों व संवेदनशीलता से परेशान होकर न्यायालय ने यह रुख अपनाया है। यह स्पष्ट प्रतीत होता है कि कोर्ट इस मामले की संवेदनशीलता व विस्तृत प्रभाव-दुष्प्रभाव से दूर रहने के लिए इस मामले में निर्णय सुनाने से बचने का प्रयास कर रहा है। ऐसा होना स्वाभाविक भी है। अंतत: यह मामला सौ करोड़ हिंदुओं की आस्था से जुड़ा हुआ मामला है। इस मामले की पेचीदगी को इस बात से भी समझा जा सकता है कि 2010 में इस मामले पर निर्णय सुनाते समय जस्टिस एस.यू. खान ने कहा था कि यह 1500 वर्ग गज भूमि का टुकड़ा (रामजन्मभूमि का) ऐसा है, जहाँ से देवता भी गुजरने से डरते हैं।

भारतीय जनता पार्टी एवं संघ परिवार राम जन्मभूमि मामले पर सदा से कृतसंकल्पित रहा है और यह बात वह समय-समय पर प्रकट भी करते रहा है। हाल ही में संपन्न हुए उत्तर प्रदेश विधानसभा चुनाव

में भी यह विषय उठा था। भाजपा के शीर्ष पुरुष नरेंद्र मोदी ने तो पूरे विधानसभा प्रचार अभियान के दौरान एक बार भी जन्मभूमि का नाम नहीं लिया, किंतु उनका मानस सदा से जन्मभूमि पर भव्य मंदिर के निर्माण का स्पष्ट रहा है। उ.प्र.विधानसभा के दूसरे स्टार प्रचारक योगी आदित्यनाथ पूरे प्रचार अभियान के दौरान मुखरता के साथ जन्मभूमि के विषय को उठाते रहे हैं और यह माना जा सकता है कि उ.प्र. का चुनावी परिणाम जन्मभूमि के पक्ष में आया जनादेश है। स्पष्ट है कि उ.प्र. ही नहीं अपितु संपूर्ण राष्ट्र का अधिसंख्य हिंदू अब अयोध्या में टाट-तिरपाल तले विराजे श्रीराम को देखकर लज्जित, अपमानित व आक्रोशित अनुभव कर रहा है। यह सौ करोड़ हिंदुओं की लज्जा, अपमान व आक्रोश का ही परिणाम है कि सुप्रीम कोर्ट ने इस विषय को एक बार फिर परस्पर चर्चा व सहमति के पाले में डाल दिया है।

अब जबकि भारत के उच्चतम न्यायालय ने श्रीरामजन्मभूमि मामले में समाज से आग्रह किया है कि वह इस मामले को परस्पर चर्चा से सुलझाए, तब जन्मभूमि प्रकरण को नए चश्मे व नए नजरिए से देखने की आवश्यकता इस संपूर्ण भारतीय समाज और विशेषतः मुसलिम समाज को है।

मुसलिम समाज को यह बात समझ लेनी चाहिए कि तकनीकी रूप से कानूनी निष्कर्ष जो भी निकलता हो, किंतु पुरातात्त्विक खुदाई से इस स्थान पर विशाल मंदिर के होने व मंदिर को ध्वस्त करके मसजिद निर्माण के स्पष्ट प्रमाण मिल गए हैं। पुरातात्त्विक खुदाई में इस स्थान में ॐ के प्रतीक चिह्न, स्वस्तिक, कलश, मयूर सहित कई ऐसे निर्माण व चिह्न मिले हैं, जिससे इस स्थान के हिंदू मंदिर होने की बात पुष्ट ही नहीं, बल्कि प्रमाणित हो जाती है। यह भी एक आश्चर्यजनक तथ्य है कि यहाँ से मुसलिमों की घृणा के प्रतीक सूअर/डुक्कर की मूर्ति (जिसे हिंदू धर्म साहित्य में श्रद्धापूर्वक वराह कहा जाता है) भी पुरातात्त्विक खुदाई

में यहाँ मिली है। सूअर/वराह की मूर्ति मिलने के बाद तो मुसलिमों को इस स्थान से विमुख ही हो जाना चाहिए था। सच्चे मुसलिम धर्मगुरु व अमन पसंद आम मुसलमान इस तथ्य को जानने के पश्चात् जन्मभूमि पर दावे से हट भी जाना चाहते हैं, किंतु कट्टरपंथी मुसलमान व वोट बैंक की राजनीति कर रहे चंद मुसलिम नेता अपनी राजनीतिक दूकान चलाने की फिराक में इस मुद्दे को छोड़ना नहीं चाहते हैं।

इस विषय में हमें एक बार गुजरात के सोमनाथ मंदिर का पुनर्निर्माण व उसमें देश के प्रथम गृहमंत्री लौहपुरुष वल्लभभाई पटेल की भूमिका का पुनर्स्मरण करना होगा। यह ध्यान करना होगा कि वल्लभभाई एक मंदिर मात्र का पुनर्निर्माण नहीं कर रहे थे, बल्कि एक विदेशी आक्रांता द्वारा देश के एक महत्त्वपूर्ण मानबिंदु के अपमान व विदेशी शक्ति का प्रतिकार कर रहे थे। एक केंद्रीय मंत्री द्वारा सोमनाथ का पुनर्निर्माण कराया जाना वस्तुत: भारतीय स्वाभिमान को पुनर्स्थापित करने का एक बहुआयामी प्रयास था। इसी दृष्टि से अब हमें अयोध्या की श्रीराम जन्मभूमि के विषय को भी देखना चाहिए।

भारतीय मुसलिमों के समक्ष भी उच्चतम न्यायालय के समझौते के आग्रह के बाद एक बड़ा महत्त्वपूर्ण व ऐतिहासिक अवसर बनकर आया है। भारतीय मुसलिमों को यह बात विस्मृत नहीं करनी चाहिए कि बाबर (जिसके नाम पर वह बदनुमा दाग रूपी बाबरी मसजिद थी) महज एक विदेशी आक्रमणकारी व लुटेरा था। भारतीय मुसलिमों की रगों में बाबर का खून नहीं, बल्कि उनके भारतीय (पूर्व हिंदू) पुरखों का रक्त बहता है। भारतीय मुसलमान उस समाज से हैं, जिनके पुरखों ने कभी बलात्, कभी मजबूर होकर, कभी भयभीत होकर तो कभी बेटी-बहू व संपत्ति की रक्षा करने के उद्देश्य से जबरिया बाबर और औरंगजेब का इसलाम ग्रहण किया था। जब हमारे पुरखे एक हैं, तो आज हमें हमारा भविष्य भी एक बनाना चाहिए। उच्चतम न्यायालय ने भारतीय मुसलिमों के

समक्ष एक स्वर्णिम अवसर दिया है कि वे स्वयं आगे आकर अयोध्या की विवादित भूमि को हिंदुओं के हाथों में सौंप दें। यद्यपि इस मार्ग में अड़चनें अनेक हैं, कई कट्टर मुसलिम नेता हिंदुओं का भय बताते हुए मुसलिम नेता और कई अवसरवादी मुसलिम नेता अपनी नेतागिरी की दूकान बंद होने के डर से इस मार्ग में रोड़े अटकाएँगे, तथापि मेरा विश्वास है कि अमनपसंद भारतीय मुसलमान इस बार इन दोगले कट्टर नेताओं की बातों में आकर संपूर्ण विश्व के सामने मुसलिमों की एक नई पहचान व नई तहजीब को व्यक्त करेगा।

बाबरी एक्शन कमेटी के संयोजक जफरयाब जिलानी ने तो सुप्रीम कोर्ट के चर्चा वाले प्रस्ताव को लगभग नकार ही दिया और हर जगह दूध में दही डालनेवाले मुसलिम नेता असदुद्दीन ओवेसी ने भी न्यायालय की पहल को नकार दिया। यह स्वाभाविक भी है, इन नेताओं ने और इन जैसे अन्य कट्टर व सियासती भूखे मुसलिम नेताओं ने यदि अड़ँगे न डाले होते, तो अमनपसंद आम मुसलमान कभी का इस मुद्दे पर हिंदू समाज के साथ एक पंगत, एक संगत में बैठ चुका होता। आशा है, सुचारू परस्पर संवाद के इस दौर में भारतीय मुसलिम एक प्रगतिशील रुख अपनाकर इस विषय में अपनी सोच को चंद कट्टर मुसलिम नेताओं की सोच से ऊपर उठकर व्यक्त करेगा और सिद्ध भी करेगा।

❑

कश्मीर में पत्थरबाजी का दौर

कश्मीर में भारतीय सेना पर पत्थर बरसाने और भारतीय सैनिकों को घायल करके उन्हें हानि पहुँचाने का यह दूसरा दौर था। पत्थरबाजी का पहला दौर नोटबंदी के पहले चला करता था। नवंबर में अचानक मोदी सरकार द्वारा देश भर लागू की नोटबंदी के कारण चार-पाँच माह तक पत्थरबाजी का यह देशद्रोही क्रम रुका रहा, जो जनवरी 17 के बाद पुनः तेजी से चल पड़ा।

कश्मीर में सेना पर हो रही सतत पत्थरबाजी के दौर कश्मीर की कुछ वीडियो क्लिपिंग्स ने पूरे देश की राजनीति को गरमा दिया। देश भर में तेजी से वायरल हुई इन क्लिपिंग्स में कुछ में कश्मीर के स्थानीय युवा सैनिकों से बदतमीजी का व्यवहार करते, हिंसा करते, उन्हें अपमानित करते व उन्हें मारते-पीटते नजर आए। इन वीडियो क्लिपिंग्स में स्पष्ट दृष्टिगोचर हुआ कि कश्मीर के अलगाववादी युवाओं की हिंसा झेलते ये भारतीय सैनिक AK-47 व अन्य अत्याधुनिक हथियारों से लेस हैं, किंतु तब भी ये सैनिक अत्यधिक संयम में नजर आते हैं और पत्थरबाज युवाओं की अपमानजनक भाषा व उनकी हिंसा को झेलते हुए आगे बढ़ते जाते हैं व रत्ती भर भी प्रतिकार नहीं करते। स्पष्ट है कि ये सैनिक देश के प्रति अपने कर्तव्य से बँधकर सेना की निर्धारित रीति-नीति के अनुरूप अपना व्यवहार हद दर्जे तक जाकर भी संयमित बनाए रखते हैं व नाममात्र का प्रत्युत्तर नहीं दे रहे हैं। यहाँ पर उचित ही होगा कि

पिछले वर्षों में कश्मीर में आई भीषण बाढ़ के समय को भी स्मरण कर लें, जब भारतीय सेना ने बाढ़ पीड़ित क्षेत्रों में बड़ा ही कौशल्यपूर्ण व संवेदनशील अभियान चलाकर हजारों कश्मीरियों के जान माल की रक्षा की थी। इस बाढ़ के पूर्व भी कश्मीरी अलगाववादी नागरिक सेना के प्रति दुश्मनी व असहयोग का रुख अपनाते चले आए हैं, किंतु भारतीय सेना ने तमाम ऐसे विषयों को छोड़कर कश्मीरियों को शुद्धतम मानवीय दृष्टिकोण से बाढ़ से राहत दिलाई थी।

इस मुद्‌दे पर कांग्रेस के महासचिव दिग्विजय सिंह ने बयान दिया है कि कश्मीरी लोगों को एक तरफ आतंकवादी मारते हैं, तो दूसरी तरफ सेना के जवान। दिग्विजय सिंह की देखादेखी कई अन्य नेताओं ने भी कश्मीर में चली पत्थरबाजी पर अनुचित व देशद्रोही बयान दिए। दिग्विजय सिंह कोई नए राजनेता तो हैं नहीं, एक राजनेता के रूप में वे एक लंबी पारी खेल चुके हैं, अनुभव का भंडार उनके पास है। दिग्विजय सिंह का देश को दीर्घ अनुभव हो गया है, राष्ट्रीय मुद्‌दों पर अकसर ही वे अपने विचार भड़काऊ ढंग से रखते रहते हैं, किंतु इस बार कश्मीर के विषय में जो उन्होंने कहा है, वह समय, काल, स्थान व परिस्थिति के कोण से अत्यधिक देशद्रोही प्रकार का बयान है। प्राय: यह होता आया है कि दिग्विजय सिंह या इन जैसे अन्य नेता जो राष्ट्रीय राजनीति में किसी-न-किसी राजनीतिक दल के महत्त्वपूर्ण पद पर बैठे होते हैं, राष्ट्रीय मीडिया की सुर्खियों में स्थान पाने व चर्चित रहने के लिए इस प्रकार के बयान दे देते हैं और बाद में देश को उसकी बड़ी कीमत चुकानी पड़ती है। विवादित बयान देनेवाले इन नेताओं के बयानों से उनके अपने स्वयं के राजनीतिक दल का क्या रुख है, ये कहने की तब तक आवश्यकता नहीं रहती, जब तक कि दल की ओर से विवादित बयान से अपने आप को एक विज्ञप्ति के माध्यम से अलग नहीं कर लिया जाता। हाल ही के वर्षों में देखने में आया है कि राजनीतिक दलों

में यह प्रवृत्ति कम हुई है। विवादित बयानों व राष्ट्रहित के विषयों पर राजनीतिक अपने किसी कार्यकर्ता के बयान पर चुप्पी बनाए रखकर स्तरहीन राजनीति का वातावरण बनाए रखते हैं। अब आवश्यक है कि यह प्रवृत्ति आगे न बढ़े।

कश्मीर में पत्थरबाजी और सेना की जीप पर बँधे युवक विषय पर जहाँ दिग्विजय ने एक भड़काऊ बयान देकर सेना की पवित्रता को ललकारा, वहीं दूसरी ओर कश्मीर के अब्दुल्ला परिवार के सदस्य व पूर्व मुख्यमंत्री उमर अब्दुल्ला ने भी अपनी अगली-पिछली खुजली को एक ट्वीट के माध्यम से व्यक्त किया व भारतीय सेना के विपरीत वातावरण बनाने का दुष्प्रयास किया। दिग्विजय व उमर अब्दुल्ला सेना द्वारा जीप पर बाँधकर घुमाए जा रहे जिस युवक का वितंडा खड़ा किया जा रहा है; उसके पीछे की परिस्थितियाँ भी देश के समक्ष स्पष्ट हो जानी चाहिए। उस पत्थरबाज युवक को जीप पर इसलिए बाँधा गया था, ताकि चुनाव ड्यूटी में फँसे जवानों को पत्थर फेंकनेवाले कश्मीरी युवकों के बीच से निकाला जा सके। चुनाव ड्यूटी में फँसे सैनिकों को कश्मीरी पत्थरबाजों के दबाववाले क्षेत्र से निकालने और खतरा टलने के बाद उस युवक को सुरक्षित छोड़ दिया गया था। सर्वाधिक आश्चर्य की बात यह है कि दिग्विजय सिंह ने अपने इस बयान में कहीं भी सी.आर.पी.एफ. जवान के साथ हुई उस घटना या उस वीडियो का जिक्र नहीं किया, जिसमें कश्मीरी युवक चुनाव ड्यूटी से लौट रहे सी.आर.पी.एफ. जवान पर पत्थर और लात-घूँसे बरसा रहे हैं। वीडियो क्लिपिंग्स में स्पष्ट दिख रहा है कि चुनाव ड्यूटी से लौट रहे सी.आर.पी.एफ. के उन जवानों के हेलमेट के उन युवकों ने पैरों से ठोकर मारी, लेकिन इतना होने के बाद भी जवान धैर्य का परिचय देते दिखाई पड़े। कांग्रेस नेता दिग्विजय सिंह बताएँ कि उन जवानों का वह धैर्य क्यों दिखाई नहीं दे रहा? नेशनल कान्फ्रेंस के नेता उमर अब्दुल्ला ने पत्थरबाजों के लिए दुःख जताया है। यदि उमर ने

जो कहा, सब सच है, तो भी सेना की गलती कहाँ थी? क्या सेना को अपने विरोध में की जा रही हिंसात्मक काररवाइयों का कोई जवाब नहीं देना चाहिए और सबकुछ सहकर अपने जवानों के प्राणों को, उनके उत्साह व इच्छाशक्ति को नष्ट होने देना चाहिए? सेना के जवानों को हताहत होते हुए देखते रहना चाहिए? यही दिग्विजय, यही उमर व यही विपक्ष तब भी दहाड़ें मार-मारकर मगरमच्छी आसूँ बहाते, यदि कश्मीर में कुछ सैनिक नागरिकों के हमलों में हताहत हो गए होते। कश्मीर में सेना पर पत्थरबाजी की बात आम होती जा रही व बढ़ती जा रही घटनाओं के लिए सेना को कुछ न कुछ पैंतरा तो अपनाना ही था, जो उसने अपना लिया। अब देश की बारी है कि वह हर प्रकार से धोखे व अमानवीय रीति-नीति पर चल रहे कश्मीरी पत्थरबाजों के विरुद्ध अपनी सेना को नैतिक समर्थन व बल दें। यह स्पष्ट हो चुका है कि अलगाववादियों व आतंकवादियों द्वारा स्थानीय कश्मीरी नौजवानों को पत्थरबाजी करने के लिए पैसे दिए जाते हैं। पैसे व भड़काऊ प्रशिक्षण के कारण कश्मीरी युवा इन देशद्रोही घटनाओं को अंजाम दे रहे हैं। कुछ इलेक्ट्रॉनिक चैनलों ने अपनी खोजी पत्रकारिता के माध्यम से यह पता किया कि पाकिस्तान घाटी में पत्थरबाजों को कैशलेस फंडिंग कर रहा है। चैनलों ने यह दावा भी किया है कि पाकिस्तान इन पत्थरबाजों को पैसा देने के लिए वस्तु विनिमय प्रणाली का सहारा ले रहा है। इनके अनुसार पाक अधिकृत कश्मीर (PoK) से श्रीनगर सामान लेकर आने-जानेवाले ट्रकों के जरिए पत्थरबाजों को पैसा पहुँचाया जाता है। उदाहरणार्थ, एक ट्रक पाकिस्तान के मुजफ्फराबाद से 5 लाख रुपए का सामान लेकर श्रीनगर के लिए निकलता है, किंतु लौटते समय जब श्रीनगर से पाकिस्तान जाता है, तो इस पर सिर्फ 2 लाख रुपए का सामान होता है, इस तरह से तीन लाख रुपए श्रीनगर में पत्थरबाजों तक पहुँच जाता है। कश्मीरी युवाओं को पत्थर मारने के लिए 500 से पाँच हजार रुपए तक मिलते हैं।

स्पष्ट है, जब भारत अपने अविभाज्य अंग कश्मीर को लेकर संकट व आपातकाल की स्थिति में था, तब कांग्रेस और अन्य विपक्षी दलों का यह स्पष्ट नैतिक कर्तव्य बनता था कि वे संकट की इस घड़ी में देश के समक्ष अपनी सोच को व्यक्त करें। खेद कि इनके आचरण से यही स्पष्ट हुआ कि वे कश्मीर के भटके हुए युवाओं की पत्थरबाजी के साथ हैं, न कि सेना और राष्ट्र के साथ?

❑

उ.प्र. चुनाव : वस्तुतः भारतीय राजनीति का नमोकरण

जर्मनी के एकीकरण के वास्तुकार बिस्मार्क ने अपनी राष्ट्र नीति को स्पष्ट करते हुए कहा था—'जर्मनी का ध्यान प्रशा के उदारवाद पर नहीं, अपितु उसकी शक्ति पर लगा हुआ है। जर्मनी की समस्याओं का समाधान बौद्धिक भाषणों से नहीं, आदर्शवाद से नहीं, बहुमत के निर्णय से नहीं वरन् प्रशा के नेतृत्व में तलवार की नीति से होगा।' मुखर राष्ट्रवाद की भाषा बोलकर भारत की जनता का दिल जीत रहे नरेंद्र मोदी यदि अपनी राष्ट्र नीति को बिस्मार्क के इस कथन में आज व्यक्त करेंगे, तो उस कथन में केवल तलवार के स्थान पर लोकतंत्र में विश्वास व राष्ट्रवाद की नीति शब्दों को रखना होगा। बिस्मार्क ने जिस प्रकार प्रखर राष्ट्रवादी नीति की नींव पर जर्मनी के एकीकरण का वास्तु किया था, ठीक उसी प्रकार नरेंद्र मोदी भारत को विश्वगुरु बनाने का वास्तु रच रहे हैं।

तीस वर्षों पश्चात् 2014 के आम चुनावो में देश की जनता ने जब नरेंद्र मोदी को स्पष्ट बहुमत के साथ जनादेश दिया, तब इस देश की जनता अपने इस नए नेतृत्व की क्षमताओं को जान चुकी थी। देश के राजनीतिक गलियारों में नरेंद्र मोदी को गुजरात से निकलकर दिल्ली आने के मार्ग की कठिनाई समय-समय पर लोगों द्वारा दोहराई जाती

रही, किंतु जनता के मन में कभी संशय नहीं रहा, भारतीय जनता मोदी के प्रति मन बना चुकी थी।

अपेक्षा के अनुरूप प्रधानमंत्री बनने के पश्चात् नरेंद्र मोदी ने स्वयं का कोई नया रूप प्रकट नहीं किया, जैसा कि उनके विरोधी उनसे आशा या आशंका कर रहे थे। मोदी ने अपने उस रूप-स्वभाव का ही विस्तार किया, जिस रूप से वे गत बारह वर्षों से गुजरात के मुख्यमंत्री के रूप में कार्य कर रहे थे। उन्होंने एक ओर देश में सबका साथ सबका विश्वास की नीति को आगे बढ़ाया, तो दूसरी ओर अपने अहर्निश, अथक, अचूक परिश्रम से विश्व के सामने भारत की वसुधैव कुटुम्बकम् की अवधारणा को शक्ति, दृढता, प्रतिबद्धता के साथ, किंतु विनम्र शैली में प्रस्तुत किया है।

यदि विगत तीन वर्षों के मोदी के कार्यकाल का आकलन करें और प्रथमत: उत्तर प्रदेश के चुनाव की चर्चा करें, तो हमारे सामने कोई विशिष्ट नहीं, अपितु अत्यंत सहज तथ्य सामने आते हैं। ऐसे सहज तथ्य जिससे कोई साधारण बुद्धि का राजनीतिज्ञ भी उत्तर प्रदेश की राजनीति को अपने सुर में साध सकता था। उ.प्र. जैसे धुर जातिवादी राजनीतिवाले प्रदेश में जब पहले-पहल नरेंद्र मोदी ने 80 में से 73 लोकसभा सीटों को विजय किया, तब सभी ने यही कहा था कि ये लोस चुनाव है, अत: राष्ट्रीय मुद्दों के आधार पर मोदी बढ़त बना गए, किंतु विस चुनावों में राज्य की राजनीति जातिगत गणित पर ही चलेगी। यह कहना स्वाभाविक ही था, उ.प्र. का राजनीतिक इतिहास व वातावरण अपने जातिवादी रुझान को सस्वर व निस्संकोच प्रकट करता है। उ.प्र. का स्थानीय राजनीतिज्ञ या देश भर से उ.प्र. में जानेवाला कोई भी राजनीतिज्ञ, उ.प्र. के नौकरशाह या उ.प्र. के सांस्कृतिक-सामाजिक कार्यकर्ता सभी उ.प्र. के जातिवादी राजनीति के चरित्र को न केवल सार्वजनिक स्वीकार करते थे, अपितु उसे निस्संकोच मान्यता भी देते और उस अनुरूप ही निर्वाचन कार्यक्रम, व्यक्ति और समाज

तय करते थे। उ.प्र. में कब कौन कहाँ जाएगा, किस दिशा में जाएगा व किसके साथ जाएगा, इन प्रश्नों के उत्तर राजनीति तय किया करती थी। उ.प्र. की राजनीति जातिवाद के दलदल से बाहर निकलेगी, इस बात की कल्पना करना भी लोगों ने बंद कर दिया था। उ.प्र. ने अपने इस चरित्र का पर्याप्त से बहुत अधिक मूल्य चुकाया व एक पिछड़ा, बीमारू, गरीब अविकसित राज्य बन गया।

चरम जातिवाद की परिस्थितियों में वर्ष 2017 के विस चुनाव के परिणाम नरेंद्र मोदी के करिश्मे को एक नया विस्तार दे गए। दूसरी ओर उ.प्र. विस के परिणामों के पश्चात् योगी आदित्यनाथ का मुख्यमंत्री के रूप में मनोनयन नरेंद्र मोदी, अमित शाह व भाजपा के राष्ट्रीय संगठन मंत्री रामलालजी का अभियान 2019 की उद्घोषणा कर गया। उ.प्र. के मुख्यमंत्री के रूप में योगी का चयन समूचे भारतीय जनमानस को आंदोलित व झंकृत कर गया। यों तो योगी आदित्यनाथ पिछली बार से गोरखपुर से सांसद चुने जाकर लगभग आधे उ.प्र. की राजनीति को प्रभावित करते रहे हैं, किंतु उनके मुख्यमंत्री के रूप में मनोनयन के बाद देश के प्रत्येक आबालवृद्ध ने यह आभास किया कि भारतीय राजनीति को आगामी दशकों हेतु एक नया राष्ट्रवादी चेहरा मिल गया है। योगी के मुख्यमंत्री बनने से जहाँ एक ओर देश का राष्ट्रवादी वर्ग प्रसन्न हुआ, तो वहीं देश में सेक्युलर व मुसलिम तुष्टीकरण की राजनीति करनेवालों व वामपंथियों के ऊपर तो जैसे घड़ों पानी पड़ गया। योगी के चेहरे का चयन केवल एक उभरते, युवा व प्रखर हिंदूवादी नेता का चयन भर नहीं है, अपितु यह देश के छद्म धर्म निरपेक्षतावादियों के चेहरे पर, वामपंथियों के चेहरे पर, तुष्टीकरण की राजनीति के चेहरे पर व सेकुलरिज्म के नाम पर भारतीय संस्कृति की सतत उपेक्षा व अपमान करनेवालों के चेहरे पर एक करारा तमाचा है। योगी का मुख्यमंत्री के रूप में मनोनयन उस भारत की कल्पना का विस्तार सिद्ध होगा, जिसमें भारतीय राजनीति,

प्रशासन, समाज, शिक्षा, विज्ञान, विकास, विनिर्माण, विनियोजन, बैंकिंग आदि सभी क्षेत्रों में भारतीय संस्कृति के मूल तत्त्वों से प्रेरणा लेकर ही आगे बढ़ा जाएगा।

उ.प्र. विस चुनाव एक विषय के लिए और स्मरण किया जाएगा, जब यह विश्लेषण सामने आया कि इस चुनाव में भाजपा की प्रचंड विजय के मूल में एक कारण मोदी द्वारा छेड़ा गया तीन तलाक का मुद्दा भी है। नरेंद्र मोदी ने उ.प्र. के व देश भर के अन्य मंचों से जिस प्रकार तीन तलाक व बहुविवाह परंपरा के नाम मुसलिम बहनों पर होनेवाले अत्याचार व पाशविकता की चर्चा की, उससे मुसलिम स्त्री जगत् इस सामाजिक अत्याचार के विरुद्ध आंदोलित हो उठा व मोदी के समर्थन में आ खड़ा हुआ। कहा गया कि तीन तलाक के विरुद्ध मुहिम के कारण बड़ी संख्या में मुसलिम महिलाओं ने भाजपा को वोट किया।

उ.प्र. चुनाव के पूर्व देश ने नरेंद्र मोदी की निर्णय क्षमता व तटस्थता का एक और उदाहरण देखा था नोटबंदी के रूप में। नोटबंदी के निर्णय को जिस गोपनीयता व आकस्मिकता से घोषित किया गया, वैसा निर्णय व वैसी निर्णय प्रक्रिया की आदत इस देश को पूर्व में कभी नहीं रही। विपक्षियों ने इस निर्णय पर बड़ा विवाद मचाया व जनता को होनेवाली परेशानियों के नाम देश की हमदर्दी बटोरने का प्रयास किया किंतु देश भर में इस निर्णय के बाद विभिन्न स्थानों पर हुए चुनाव परिणाम ने यह सिद्ध कर दिया कि जनता नोटबंदी के निर्णय पर मोदी सरकार के साथ है। यह भी कहा जा सकता है कि उ.प्र. चुनाव ने नोटबंदी पर विभिन्न आलोचक राजनीतिज्ञों का मुँह निर्णायक रूप से बंद करा दिया।

बड़े-बड़े अकल्पनीय आँकड़ों वाले घोटालों व आर्थिक अपराधों को देख देखकर जब देश की जनता का मानस दु:खी व राजनीतिक अवसाद की स्थिति में आ खड़ा हुआ था, तब देश के प्रधानमंत्री की

दहाड़ कि 'न खाऊँगा न खाने दूँगा' ने देश में एक अद्‌भुत ऊर्जा का संचार कर दिया। इस दहाड़ के बाद अपने मंत्रिमंडल व दलीय सहयोगियों के मध्य मोदी की कार्यशैली यह मौन मंत्र देती रही कि राष्ट्र सेवा में अहर्निश परिश्रम करूँगा न सोऊँगा न सोने दूँगा। विगत तीन वर्षों में उन्होंने जो कहा वैसा किया भी। मोदी सरकार का भ्रष्टाचार विहीन व भ्रष्टाचार के विरुद्ध जीरो टॉलरेंस का रवैया रहा है, उसे देखकर देश की जनता ने राहत की साँस ली है व उसका मानस राजनीतिक अवसाद की स्थिति से बाहर आ गया है। उ.प्र. चुनाव का परिणाम वस्तुत: भारतीय राजनीति व जनता के अवसाद से बाहर आ जाने का ज्वलंत प्रमाण है।